中宣部2019年主题出版重点出版物

账本里的

IN THE ACCOUNT BOOKS OF CHINA

中国

许德友　编著

SPM
南方出版传媒
广东人民出版社
·广州·

图书在版编目（CIP）数据

账本里的中国 / 许德友编著 . —广州：广东人民出版社，2019.8
ISBN 978-7-218-13768-1

Ⅰ . ①账… Ⅱ . ①许… Ⅲ . ①中国经济史—研究—现代 Ⅳ . ① F129

中国版本图书馆 CIP 数据核字 (2019) 第 156834 号

ZHANGBEN LI DE ZHONGGUO

账本里的中国

许德友　编著

出 版 人：肖风华

出版统筹：钟永宁
选题策划：曾玉寒
责任编辑：曾玉寒　卢雪华　伍茗欣　廖智聪　李尔王　李　钦
插　　画：李新慧　张健硕
封面设计：时光机工作室
责任技编：周　杰　吴彦斌

出版发行：广东人民出版社
地　　址：广州市海珠区新港西路 204 号 2 号楼（邮政编码：510300）
电　　话：（020）85716809（总编室）
传　　真：（020）85716872
网　　址：http://www.gdpph.com
印　　刷：广州市浩诚印刷有限公司
开　　本：787mm×1092mm 1/16
印　　张：14　插　页：1　字　数：200 千
版　　次：2019 年 8 月第 1 版　2019 年 8 月第 1 次印刷
定　　价：48.00 元

如发现印装质量问题，影响阅读，请与出版社（020-85716849）联系调换。

售书热线：020-85716826

目 录

001　前 言

005　老账本里的"新衣服"和"所得税"
　　　黄桂祥的账本故事

029　账本中关于家的那些事
　　　梁顺燕母女的账本故事

057　账本里的大学记忆
　　　马卫红的账本故事

083　老账本里的进城记忆
　　　郭秀妮的账本故事

119　账本中的生娃、养娃与教娃
　　　曾雨寒的账本故事

147　账本里的乡村纪事
两个农村的账本故事

173　电子账册里的物价和养老金
刁锡永的账本故事

195　账本里 60 多年的"变"与"不变"
董家三代人的账本故事

216　后 记

前 言

　　70年，于漫漫历史长河而言，不过是短短的一瞬间。新中国成立70年来，世界不再是之前的样子，中国正从积贫积弱走向繁荣富强。但对于每一个生命个体而言，新中国的70年，就是三四代人的时空承载。这70年间，我们的祖辈、父辈、儿辈、孙辈，在东方的这片土地上，生活工作，繁衍生息，见证沧海桑田，经历酸甜苦辣。国家的变化，人生的变迁，历史纵向比，前所未有，全球横向比，世间罕见。

　　作为一个生活在这个时空节点上的学者，也是这个变化的亲历者和见证者，我在想总得做点什么。也许，记录，就是最简单、最直接的一件事。

　　70年的鸿篇巨制如何去记录？其实说难就难，说简单也简单。不要记录多大的事情，也不用分析完整的体系。记录个人和民生变迁，一个账本足矣。

因为经常做经济学领域研究和教学工作的关系，所以我平时比较关注收入、支出等方面的数据，除了统计部门公布的数据，更会去特别留意个人或家庭的具体收支。中国人崇尚节俭持家，很多人日常有记账的习惯，我发现写满平日收支的账本是个好东西：它清晰地记录了过去和现在的收入数量、收入来源、消费规模、消费构成。这对于一个研究经济问题的人来说，其实是一个研究的"富矿"，里面可以挖掘出好多"金银"；通过这些老账本，记录时代变化和人生变迁，自然也不在话下。

个人和家庭的老账本，是一个家庭经济生活的存根，更是一个时代发展的注脚。想到容易做到难。为了搜集到这些账本和其中的故事，也是破费了一番周折。亲戚朋友、同学同事、书刊报纸、网络朋友圈，八面推荐，多方打听，各种顺藤摸瓜，充分利用了中国人的人际网络——同学，同学的朋友，同学的朋友的亲戚……功夫不负有心人，尽管与计划的账本数量有所差距，但最终还是找到了之前大致想要的账本故事。

我们从家庭账本中的收入和支出主要变化为叙述背景，把一个个真实又具体地"账本故事"串联起来，讲述新中国70年的"个人账本经济史"：从柴米油盐的票据、元角分厘的计算，到衣食住行用、休闲玩乐的开支，再到工作收入、买房装修、子女教育、父母养老等账本里的各种大小事，以及背后国家发展、政策变化、改革轨迹。基于这个想法，文本内容的写作基本遵循了"账本故事—时代变迁—改革逻辑"的模式，文字力求通俗易懂，大量账本实物照片和漫画穿插其中，增加可读性和生动性，让读者在引起共鸣的同时，也能感悟和思考国家发展变化和改革奋进之路。

一本本陈旧的账本，一页页泛黄的纸张，记录和折射了一个个普通家庭，这几十年来，工作和生活日新月异的变化。在这里，有平凡人家的喜怒哀乐，有夫妻邻里的鸡毛蒜皮，有过去岁月里的暖心回忆，有曾经大家共同经历的点点滴滴。老账本，是你我有同感的成长记录，更是一部视角具体又独特地反映城市巨变的历史画卷。

我们通过这些账本故事，以微观视角刻录新中国70年人民奔向美好生活、国家走向繁荣富强、中华民族走向伟大复兴的历史轨迹。小账本记录大变迁，每个人的收支，每个家庭的账本，虽然不是精确的会计册，不是厚重的史书，但它一样很重要，因为它忠实地见证了发生在这片古老东方大地上的生活图景。

好了，就让我们穿越时空，一起走进"账本里的中国"吧。

老账本里的『新衣服』和『所得税』

黄桂祥的账本故事

✒ 小账本里的大世界——黄桂祥的账本故事

我们要介绍的账本故事的主人公黄桂祥是广东税务系统的一名机关干部。他生于 20 世纪 60 年代，那个年代诞生的人可谓"生而逢时"，"文革"结束有机会读大学，进入社会后又与国家改革开放"同频共振"。

作为其中一员，黄桂祥全程见证了中国半个多世纪以来的巨大变化，对国家未来充满信心。但一万个人对生活会有一万种感触，黄桂祥对新中国改革、开放、发展的感悟与情怀，却源于一摞持续了近 30 年的家庭收支"小账本"。

寻着线索，我们"顺藤摸瓜"、辗转多个"中间人"，找到了黄桂祥。黄桂祥很乐意接受我们的访谈，他告诉我们，前些日子，因为考虑购买房子而涉及筹资的问题，他爱人捧出一摞"小账本"。账本上这些略带陈味的家庭收支凭证，一页页的数字符号，都记载着岁月浓浓的滋味与色彩，也折射出中国改革开放见微知著的轨迹。

◎ 一张手写的购物小票，勾起了远去的记忆

黄桂祥小心翼翼地翻看着眼前的"小账本"，这是一本上面用铅笔写着"1999 年"的浅啡色笔记本，在扉页处粘贴着几张长短不一的"发货小票"，尽管票面文字已有些模糊，但仔细辨认依然能看出记载的内容。这是当年他参加税务机构"征、管、查"三分离改革时留下的简单记事本，黄桂祥的妻子利用它作为家中收支记录，并用力写下了上面的日期。

黄桂祥指着一张泛黄的、上面写着 265 元的手写购物小票回忆道，当时他刚从粤东扶贫回到原工作岗位，没太讲究穿衣戴帽的细节。想到领导要安排自己到一个地级市税务局工作，不能总像下乡一样随便将就，便在报到后第二天下班路过琳琅满目的服装档口时，下决心买下两套棉涤混织的夏秋通用衣裤，加上一双"懒人"皮鞋和短筒袜子，一共花了265 元，这下"出门"信心的确大增。黄桂祥笑着说道，因为接连穿起新衣新裤，同行的一位罗姓领导，不止一次笑他"近期好衣好穿的，帅气多啦，是否有什么喜事呀？"其实，就是平常见我朴素惯了，这回"少见多怪"调侃几句，开开心，慢慢也就淡忘了。

这次访谈中无意间翻开"小账本"，看见几张分别写着衣衫、鞋袜内容的票据，又勾起黄桂祥 20 年前的记忆。他深情地告诉我们，买下的衣裤已浆洗发白、露出倦意，所幸仍常常"侍候"自己。想起当年,穿上这些衣服奔波在基层各单位，抓收入、促改革、带队伍精神抖擞，样样走在前、年年当先进，

一本本带着陈味的老账本，记录着岁月的点点滴滴

衣食住行用，记账就是记生活

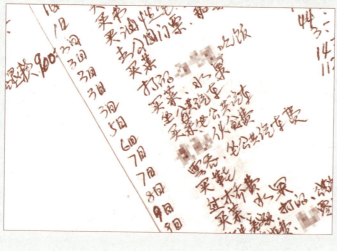

一笔笔看似琐碎的记录，充满着生活的温情

心里至今依然感觉十分充实和欣慰。而当年关心、调侃自己的领导早已退休。从老账本里的"新衣服",到衣柜里已经发白洗破的"旧物件",它记载着一个税务干部勤勤恳恳搞改革、谋发展的工作轨迹。黄桂祥笑着说道,有机会应穿上这些更有质感的衣衫探访老同志,重温和发扬深入基层推进改革的拼搏精神。

◎ 工资涨了不少,税务人也是纳税人

家庭的账本大多是简单甚至是粗糙的,但对于当事人来说却清晰明了。黄桂祥家的"小账本",就是简单的流水账,没有企业或单位记账规则。首页左上角都是"上月或上页结余",接着是页内中间画一条"楚河汉界",一边记着收、一边记着支,一目了然,偶然也有一些专门收支的备注。看似大同小异,而翻开粘着票据的"小账本"细细看、前后对比看,却能揣度出不少的"道道"。

其中,最引人注目的是多年来家庭收入的变化情况。黄桂祥回忆说,1980年在财税部门参加工作时,月工资是27.5元,进入2000年前后,在广东这个改革开放先行省份的省直机关工作,除了基本工资,还有奖金、地区补贴等,各项加起来也就是每月2000元左右。从"小账本"看,彼时已开始有"住房公积金"收入,但数额仍在"初级阶段",少得可怜,算是与当时房市、房策和总体物价相适应。过低的收入,仍无法让这些拿薪水的公务员,在"衣、食、住"以外有更多奢想。根据"小账本"的记录,黄桂祥家多年"水电费"月均六七十元,

即便夏季黄桂祥也常常带头忍受热暑，极少享用空调。说来真是"严苛"和节省，久而久之也养成了"特别能忍耐"的品质。

而到 2008 年后，经受了全球金融危机的考验，中国社会经济发展进入新一轮高潮，企业税源丰裕、政府财政充足。因此"水涨船高"，公务员工资、奖金收入也大额度增加。从 2009 年起，"小账本"开始反映黄桂祥有"个人所得税"代扣代缴记录，从每年几千元到万余元的纳税记录，年终会准时收到税务系统"同行"寄来的精致税票。"以此为标志，我们正式成为光荣的纳税人，有一种证明自己是工人阶级的一部分，在机关里同样创造生产价值，能够奉献社会的自信与成就感。"黄桂祥深情地说道。

◎ 大笔支出，提升生活品质，折射消费升级

顺着以时间为标记的序号，继续翻阅账本。目光转移到 2012 年及以后的"小账本"。还是多年未变的记账形式，但感觉小本子越来越简洁、轻便。黄桂祥说，原因是最近几年"互联网＋"进入了个人家庭生活，收支方式发生新的变化，包括消费凭证也改变过去大张用纸的做法，变成电脑打印、方整而薄小的样式。

更重要的是"小账本"记载的信息日趋丰富，支出项目变得更多、金额更大。进入 2013 年后，伴随着中央八项规定等政策和精神的不断落实，以往不合理、不规范的应酬费、

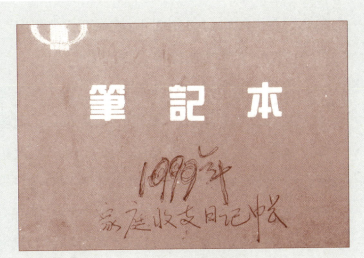

二十年前的账本，二十年前的回忆

账本上支出的变化如实地记录了生活的越来越美好

『公车改革』后，黄桂祥家最大的开支是一辆『汉兰达』

交通费等支出很快得到纠正,进而在"小账本"的原始票据上,明明白白地记载了这段历史性的变化。

尤其是 2014 年年初,省直机关"公车改革"进入攻坚阶段,在不少"公车族"还在观望、犹疑之时,黄桂祥便和妻子商量带头顺势而变,果断地参加了广州市个人车牌网上抽签活动,并在 2014 年 3 月份顺利购回心仪车辆,"小账本"自然也记载了"汉兰达"的资产价值。只因近 40 万元的巨额支出远超当月(年)收入,而暂作"赤字"留后统筹处理。随后几年,黄桂祥家又有几项涉及生活的大额开支,都靠夫妻长期积累而从容负担。黄桂祥深有感触地说,有向往、有品质的家庭生活,无疑也是一种对改革开放最真切的感恩与致敬,更是对新中国成立 70 年伟大成就的具象体现。

"家庭是小社会,社会是大家庭。""这个小账本之前的七八本记账本,因为两次搬家,已经找不到了。"黄桂祥补充说。"好记性不如烂笔头",我们从现存的第一本翻起,一直追寻到目前(2019 年 5 月)收支,皆历历在目。应该说,记录、收存小家庭的日常收支实况并不难,难的是长年累月的坚持,以及理性持家"锱铢必较"的勤俭。

尽管一个家庭的日常收支是微观、琐碎的,并且也有为生儿育女、为在城里购置房产的烦恼,但无怨无悔的执着,既为家庭的勤劳、清风存证,也记载着一个时代缘起、发展的民间真切故事,更预示着千千万万家庭携手奋进在国家走向民主富强的伟大征程上!

机关干部领取的是财政规定的工资，量入而出，开支自然也要与收入匹配，一本机关干部家的"小账本"可以折射祖国向前发展的"大变化"。黄桂祥的账本，讲出了中国千千万万个普通家庭生活的酸甜苦辣，每一个故事都打上了时代的特殊烙印。每一笔大大小小的收支，生动反映了普通居民收入水平的提高以及衣食消费的升级、消费观念的转变。从家庭故事到社会生活，它是一个时代的经济缩影。一册册老账本，组成了一部新中国成立70年的经济社会变迁史。

接下来，我们从黄桂祥的账本故事出发，从老账本的"新衣服"和"所得税"说起，谈谈新中国成立以来，特别是党的十四大确立中国特色社会主义市场经济体制以来，大家衣食消费和收入分配的变化。

[账里乾坤]

✎ 美好生活，从衣食消费升级开始

一套"新衣服"的开支，唤起了黄桂祥的往事。与黄桂祥的账本类似，相信大多数人的家庭账本里，衣食住行相关的开支都是永恒不变的条目，特别是关于吃穿这两类最基本的生活支出。往小了说都是些每天碰到的柴米油盐酱醋茶的"芝麻事"，往大了说却是洞察我国经济发展和社会变迁的"晴雨表"。

◎ 从吃饱穿暖到吃好穿好

吃饱穿暖是人们获得幸福的最低标准。新中国成立70年来，中国老百姓的饮食着装观念和方式都发生了翻天覆地的变化，观念从吃饱穿暖到健康时尚，方式从千篇一律到丰富多彩。从饮食支出看，从吃得饱到吃得好，种类更多了，质量更好了，搭配也越来越合理；从穿衣着装看，从买衣服到选衣服，样式更多了，色彩更丰富了，越来越突出个性，越来越注重时尚，越来越强调健康。

先来看看"吃"。

民以食为天。新中国成立初期，物资紧缺，国家采取发放各种商品票证的方式，保证群众的基本生活需要。每个人、每个月的米、面、油、肉，乃至于生活日用品的供应都有定额，大家都掰着手指头算数过日子，精打细算才能勉强吃得八九分饱。随着我国改革开放和市场经济的发展，商品供应很快丰富起来了，人们结束了凭票换东西的日子，吃饱的问题基本得到解决。吃饱后，人们的食谱逐渐发生了变化，鱼肉蛋奶的比例不断增加，以前只有过年才能见到的"荤腥"，现在每天都在餐桌上摆着。各种蔬菜水果也都搬上了人们的日常餐桌，想吃就能吃得上，人们的幸福日子充分体现在餐桌上。

随着生活质量的进一步提高，大家的饮食结构又进一步随之发生变化：从吃得好到吃得健康。大鱼大肉不再是人们的饮食追求，健康饮食习惯逐渐成为人们追求的目标：多吃低盐、低糖、低脂肪食物，多吃新鲜蔬菜和水果，吃饭吃到

"七八分饱"为最好；之前不被大家喜爱，甚至被认为是代表贫穷生活的食物，如红薯、苦荞麦，也都"摇身一变"成为人们补充膳食纤维的好东西。大家越来越重视健康，越来越重视食物的营养和搭配，清淡饮食和简单烹饪更受到人们认可。大家的食谱从做加法再到做减法，是因为人们明白，只有健康硬朗的身体才能享受美滋滋的日子。

再来说说"穿"。

人美靠衣装。新中国成立到改革开放这段时期，中国基本上还处在短缺经济阶段。由于布匹等商品供应严重匮乏，人们买衣服需要布票，数量也极为有限，多季一衣，甚至一件衣服年头穿到年尾，而且数量有限，色彩、样式也很单调。当时的服装市场还是一片空白，商场里卖的基本上是布料，大家买了布料之后，再找裁缝裁剪缝制。布料的种类单一，一般只有梭织面料、棉麻等材料。衣服款式很少，没有过多的款式设计，人们穿着的第一追求还是保暖遮羞。大多数 1990 年之前出生的人，都有逢年过节被妈妈拉着去买布料、量身材、做衣服的暖心经历，那可是当时过年重要的仪式性活动之一。

经过八九十年代市场经济的快速发展，人们的衣服逐渐丰富多彩起来，商店里各种品牌、各种款式的服装争奇斗艳，服装表演成为人们追求时尚的靓丽风景线。衣服不仅是人们御寒的工具，更是展示风度和显现个性的载体。各类服装店遍布大街小巷，面料种类繁多，款式每一年都会有新变化。据不完全统计，2018 年中国每年女装销售额接近 1 万亿元。

当年过日子都要精打细算,
餐桌上萝卜白菜是家常菜

随着生活条件逐渐好转,
各种肉类开始出现在大家
的餐桌上

现在的生活,越来越重视
吃的质量

人们穿上符合自己身形特征和个性追求的衣服，身体上更舒适了，心理上也更愉悦了。大家甚至打趣道，每个女人的衣柜里总是缺少那么一件衣服，逛街买衣服逐渐成为一种流行的休闲生活方式，既带动了市场的发展，也让人们的生活丰富起来。

◎ 吃穿变化背后有大学问

改革开放以后，中国实现了从计划经济体制向市场经济体制的转型，我国的商品供给制度发生了根本性的大变化。1993 年 5 月北京最后停止使用粮票，粮票全面退出历史舞台，是中国从计划经济向市场经济转轨过程中的标志性事件。中国彻底告别了票证时代，这给人们的生活带来了巨大的改变，其中最为直观的便是衣食消费的变化。

老百姓吃穿消费支出在稳步提升，但占消费支出的比重却逐步下降。新中国成立以来人们的收入水平逐渐提升，老百姓在饮食和衣着方面的消费也在稳步提升。国家统计局的数据显示，1990 年城镇居民人均现金支出中，食品支出 693.77 元，占总比 54.25%，衣物支出 170.90 元，占比 13.36%。而到 2011 年，随着收入的不断提高，用于食品消费支出 5506.33 元，用于购置衣物支出 1674.70 元，但是食品比重降低到 36.32%，衣着比重则降低到 11.05%。同时，2011 年城镇居民家庭的恩格尔系数为 36.3%，与 1992 年的 53% 相比，降低了 16.7%，恩格尔系数呈现越来越低的趋势。这些数据的变化，直观地体现出人们衣食消费水平的提高，从生存到生活，从过日子到享受生活，改革的春风把发展的成果吹进了千家万户。

饮食上，食物结构日趋优化。改革开放以前，老百姓追求吃饱，粮食以植物性食物为主，动物性食物较少，膳食质量不高，蛋白质、脂肪摄入量都低，能勉强满足需要，属于营养缺乏型饮食结构。改革开放以后，随着市场经济的不断发展，中国取消了长达30多年的农产品统购派购制度，农民生产的积极性得到了极大提高。1997年年底，全国农副产品批发市场发展到约4000家，"菜篮子"体系基本形成，居民的"米袋子""菜篮子"满了，食品选择多了，随之而来的就是饮食结构的变化。人们越来越重视改善膳食质量，注重饮食搭配的均衡。例如，肉禽及其制品方面，2011年全国人均消费支出增长到1105.93元，人均购买35.17千克；奶类及奶制品方面，2011年全国人均消费支出增长到234.01元，人均消费量为13.70千克，均呈现稳步增长的态势。

着装上，凸显舒适和个性。人们的衣物消费经历了从保证穿暖到追求时尚的过程。票证作废后，中国的服装行业得到快速发展。物美价廉逐渐成为中国服装的一个标签。服装业的快速发展，给人们的衣物消费带来了巨大的改变。现在，人们穿衣更加追求简洁舒适，越来越注重时尚和美观，追求以着装凸显个性。当然，这一切得源于人们收入的不断提升，给了老百姓衣着改头换面的底气。购买衣物的数量也得到巨大的提升，一件衣服穿两三个季节的现象基本消失了，取而

自己做衣服，也要先凭票
买布
————

虽然款式老旧，但挡不住
穿新衣服的喜悦
————

现在买衣服要把款式放在
第一位
————

代之的是一季多衣，人们的衣服逐渐丰富多彩起来，商店里的服装品牌争奇斗艳，衣着时尚的俊男美女已成为城市中一道靓丽的风景线。

◎ 改革发展之变驱动消费观念之变

改革开放以来，中国消费品市场经历了从短缺到宽松的改变，消费升级这一词在老百姓的身上体现得淋漓尽致。追溯到 20 世纪 80 年代，那个时候的中国经济运行仍然存在明显的计划经济色彩。由于市场运行相对僵滞，流通渠道单一，供应仍显短缺，不少重要商品实行有计划的凭票证限量供应。一旦传出要涨价的消息，不问商品好坏，人们就会一抢而空。在这个阶段，消费是为了解决温饱问题，对改革前长期未能得到满足的消费需求进行"量"的补偿，处于数量扩张阶段，对消费品质的关注不足。

进入 90 年代以后，随着市场改革的发展，生产力上来了，物品短缺的时代基本宣告结束。人们的钱袋子也更鼓了，消费的话语权真正转移到老百姓手上，实现了"能买什么"到"想买什么"的根本性转变。在这一阶段，消费总量规模迅速扩张，2011 年全社会消费品零售总额 181226 亿元，比上年增长 17.1%，分别是 1978 年和 1992 年的 116.3 倍和 16.5 倍，居民消费占全国 GDP 比重为 31%，反映出老百姓越来越敢消费、愿消费。同时人们的衣食住行消费内容也实现了升级，相继经历了彩电、冰箱、洗衣机、空调热和住宅、汽车、手机热，人们生活的品质大大提升。

物质作用于意识，人们消费观念也因发展而不断转变。曾几何时，"新三年，旧三年，缝缝补补又三年"是改革开放前那个年代中国人所遵循的穿衣习惯，哥哥姐姐穿过的衣服给弟弟妹妹，是五、六、七十年代人们的集体记忆。不经意间，市场已经天翻地覆。随着经济的发展、收入的提高，我国居民消费观念实现由传统消费不断向追求时尚、舒适享受型消费转变，消费升级是这个时代不可阻挡的趋势潮流。国民经济的快速发展使得产品供给大为丰富，为居民追求消费的时尚化、多样化提供了物质基础。商品市场也已经由新中国成立初期的卖方市场转变为现在的买方市场，在激烈的市场竞争中，企业绞尽脑汁为了生存下去，推出各种各样的新产品，对过去追求经久耐用的消费观念形成巨大冲击，极大地刺激了居民的购买欲望。

随着西方文化的进入，传统消费观念发生了转变，使得人们直面注重个性、追求时尚、超前消费和及时享受的消费观念的冲击。消费观念从理性到感觉再到感性，极大地影响了人们的消费行为。人们越来越注重品牌，品牌不仅保证了质量，从某种程度上来说，还满足了人们的精神需求，贩卖的是一种感觉。除了耐用消费品观念的转变，奢侈品消费在中国也越来越繁荣。奢侈品作为最能反映这个时代居民消费升级的代表性商品，国际名表、珠宝首饰、高档服装等商品正逐渐成为高品位的某种象征，背上心仪的某名牌包包成为众多女性的"小目标"。

🖋 市场活了，钱袋鼓了，差距小了

前文的账本故事中，黄桂祥家的生活得到大改善的前提是，收入提高了；也因为收入提高了，还交了个人所得税，征税人也成了纳税人。收入，应该算是家庭生活中大家最关注的问题了。接下来，我们回顾和分析下关于"钱袋子"的事儿。

◎ 收入多了，结构更优化

收入是所有账本故事中的"总闸门"，没有收入，就没有支出，更没有账本。新中国成立 70 年来，百姓的"钱袋子"是反映其生活质量的最直接体现。收入是劳动者参与社会生产、获得社会认可的货币化表现，也是满足劳动者生活需要、进行再次劳动投入和实现自我发展的物质基础。它一方面连着生产，一方面连着消费，是整个社会运作的关键环节。所以，劳动者获得合理收入，既能促进社会生产的持续健康发展，又能满足人们对物质和精神的需求，是需求和供给的统一。

新中国成立以来，随着中国经济不断发展和收入分配体制持续改革深化，中国城乡居民的收入发生了巨大的变化。主要变化如下：

一是收入水平不断提高。随着我国农村家庭联产承包制和以城市为重点的改革持续推进，中国经济驶入了快车道，城镇和农村居民人均可支配收入均实现了数十倍的增长。根据国家统计局数据，1978 年，中国城镇、农村居民可支配收入分别为 343.4 元、133.6 元，而到了 2012 年，中国城镇、农村居民可支配收入分别增长到 24126.7 元和 8389.3 元，城镇和农村居民收入均大幅度提高。

二是收入来源更加多样。收入来源不断多样化。改革开放以前，中国居民的收入来源相对单一，农村实行统一的"公分制"，城镇基本实行配给制，收入来源的单调导致了人们的收入水平普遍不高，且增长徘徊不前。随着由计划经济体制向市场经济体制的转变，中国的居民收入来源不断多样化，工资收入、经营收入、财产性收入和转移性收入是居民总收入的主要构成形式，收入来源的多样化保障了居民生活水平的持续提高。

三是收入结构持续优化。随着中国收入来源的不断多样化，各种收入成分的结构也在发生着变化。根据国家统计局数据，中国农村居民工资性占比在不断提升，说明随着人口流动，大量农业人口获得了工资性收入，也从侧面说明中国城镇的就业容量在不断扩大。财产性收入占比虽然变化缓慢，但是随着居民收入水平的不断提高，这部分占比也将不断扩大。转移性收入也呈现不断增长的趋势，这主要得益于中国社会保障体系的不断完善。近些年，在中国教育、医疗、养老、社保等方面的投入力度也不断加大。

四是收入分配更加合理。随着经济这个蛋糕的做大，如何更好地分好这个蛋糕成为中国需要解决的重点和难点。通过规范收入分配秩序，进一步促进收入分配合理化。通过对

只有在需要生活必需品的
时候，才会去商店

生活越来越好，自己的外
在形象也越来越重要

收入高了，日子好过了，
不用等到过年也能给孩子
添置新衣服

特殊行业改革，打破市场垄断，放宽企业准入门槛，引入竞争机制，调整国家和企业的分配关系，对垄断行业严格实行工资总额控制，对企业职工收入分配加强监督。此外，规范公务员和事业单位职工的工资制度，按照不同的行业性质，实行相应的公务员工资制度等加强对收入分配的调节，建立财政税收制度，坚决阻断侵吞公有资产、行贿受贿等非法收入来源。

◎ 公平与效率的权衡——收入分配体制改革的历程

改革开放以来，在实践探索中，不断调整中国的收入分配制度，在做大做好收入这个蛋糕的基础上，调整好分配体制，尽可能让发展成果惠及更多人。计划经济时代，收入分配制度看似合理，但普遍贫穷，随着改革的不断深化，中国初步建立了与中国社会主义市场经济体制相适应的，以按劳分配为主体、多种分配方式并存的分配制度。回顾几十年改革的历程，中国的收入分配体制改革经历了如下四个阶段。

第一个阶段，即为确立按劳分配的阶段，从时间上大体可以界定为1978—1987年。1978年，中国召开了十一届三中全会，开启了收入分配体制改革的新征程。安徽凤阳小岗村率先开展家庭联产承包制度，极大地鼓舞了人们的生产积极性，超额完成国家和集体任务。中央肯定了这一事件，认为其经营经验可以推广到全国，并在1982年以政策文件的形式正式确立家庭联产承包责任制。1984年召开的十二届三中全会，提出要加快以城市为重点的经济体制改革，实行了厂长责任制，并由企业自己决定职工奖金，合理地拉开工资差距。

第二个阶段，即以按劳分配为主体、多种分配方式并存的阶段，时间则为 1987—1997 年。这一阶段以十三大的召开为起始点，报告指出要"以按劳分配为主体，其他分配方式为补充"，要让个人先富起来，但是不能造成贫富差距过大的局面。十四届三中全会，在《中共中央关于建立社会主义市场经济体制若干问题的决定》文件中，正式提出"多种分配方式并存"，第一次提出"效率优先，兼顾公平"以及把竞争机制引入劳动者的个人报酬。

第三阶段，即为按劳分配与按生产要素分配相结合的阶段，时间界定为 1997—2002 年。分配方式不是判断一个国家性质的标准。在按劳分配为主体、多种分配方式并存的基础上，十五大报告提出要"把按劳分配与按生产要素分配结合起来"，保护合理收益，激发生产积极性。这样既保障了公平，也提高了效率。

第四阶段，即收入分配体制的完善阶段，在时间上大体可以界定为 2002 年至今。中国的所有分配制度改革，最终都是为了实现共同富裕。实行改革开放，以先富带动后富。十六届三中全会指出，要不断扩大中等收入者比重，并提高低收入者收入水平，最终实现共同富裕。提高低收入者收入的同时，有效调节过高收入，让收入分配的天平尽可能的平衡。十七大报告进一步指出，要"提高劳动报酬在初次分配中的比重"，充分体现出劳动是价值源泉的这一理念，通过扶贫、提高最低工资标准等措施，让群众拥有更多财产性收入。十八大报告更是提出要千方百计增加居民收入，使得我国收入分配更合理、更有序，缩小收入分配差距，让人人充分享受到改革带来的红利。

◎ 收入分配制度改革的着力点

改革开放以前的 20 多年，中国处于计划经济时代，实行的是先集中，再平均分配的模式，吃"大锅饭"一词就出于这个时期。随着对农业、手工业、资本主义工商业三大改造的完成，中国将生产资料的私有制转变成社会主义公有制，对于分配，也就采取按劳分配的方式。虽然这一分配方式符合中国是社会主义国家的性质，也与当时的政治环境吻合，但是仍然存在很多弊端：

（1）平均主义倾向太严重。工农阶层在旧时代受到严重压迫，新中国成立后，人民想要当家作主，片面强调共享社会主义国家的成果，导致了平均主义思想在分配中占据主导地位。"不患寡而患不均"的思想，在那个百废待兴、生产力严重落后的时代，是不适用的。生产高度集中，而生产力却跟不上，平均主义倾向引发诸多问题。

（2）单一的分配制度扼杀劳动者的积极性。劳动的种类多种多样，有脑力劳动、体力劳动，繁重劳动、非繁重劳动之分。而这种单一的分配方式，抹杀了这种区别的存在。人们干和不干都一样、干多干少都一样，久而久之，还有谁会努力干活呢？导致了各种"偷懒"和"搭便车"的风气随处可见，这种严重的平均主义不仅不会使中国走向共同富裕，反而会导致共同贫穷。

改革开放以后，在坚持按劳分配的原则下，中国开始利用市场来灵活地调节收入。为了建立社会主义市场经济体制，党的十四大推出了一系列改革措施，包括把企业推向市场、实行政企分开的制度，深化分配制度、社会保障制度和加快工资制度改革。这些改革的着力点包括：

（1）在初次分配中，市场起主导作用。市场主要是通过供求关系、价值规律、竞争等来决定人们的合理收入。劳动力作为一种生产要素，一定会受到劳动力市场的影响，劳动者收入报酬的高低也会受到市场供求关系的影响，这正是市场经济发挥作用的表现。利用市场这只"看不见的手"，灵活调节择业和收入分配，从而使得各种劳动力的配置效率不断得到提高，人尽其才，人尽其用，对劳动者个人是好事，对社会发展也是好事。

（2）企业及其劳动者的收入也受市场的调节。在市场经济下，产品的价格是由生产它的社会必要时间和全社会生产某种产品需要的平均时间共同决定的。企业及其劳动者的收益也要受社会必要时间的制约，通过它们各自产生的经济效益进行分配。企业在市场激励下，只能不断改进技术、优化结构，来寻求更多的经济利益分配，这也促进了整个社会生产效率的提高。

账本中关于家的那些事

梁顺燕母女的账本故事

✏ 打造一个温馨的家——梁顺燕母女的账本故事

　　置业和装修，对许多人来说是记忆犹新、意义非凡的，很多时候往往是一个家幸福的开端。本次账本故事的主人公梁顺燕，1967 年生于广州，在这个城市中成长生活、成家立业、买房育儿。或许是出于多年从事财务工作的原因，梁阿姨养成了随手记的习惯。翻开一张张整齐泛黄的单据票证，从自己新婚、让父母住上电梯房到现在女儿的新家，母女俩与我们分享那些年关于家的点滴故事，分享那些平凡的生活轨迹中所记录的惊喜与感动。

◎ 新婚、装修、女儿、空调

　　1991 年，在那个福利分房的年代，24 岁的梁阿姨与丈夫一起住进了老东山区（于 2005 年撤销并入越秀区）的一间约 50 平方米的房子。"这可是我们第一套房子啊！"梁阿姨回忆道，当年夫妻俩结婚后，很快便幸运地分上了福利房，一室一厅，在一楼还带有一个小院子。

虽然因年代久远，当年的装修记录早已遗失，但梁阿姨清晰地记得，二十多年前夫妻俩筹划装修的那些日子。每天利用闲暇时间翻看关于家装的各类报纸、图书、杂志，看到自己喜爱的风格、可供借鉴的信息便马上用笔画起来，询问身边有装修经验的亲朋好友，到别人家里去实地考察、学习经验，请教相熟的装修材料师傅。当年的信息并不像今天这么发达，碰上疑难困惑只好到处请教他人，为了节省材料等各类装修费用，只能勤快点多跑几个家装材料市场，向老板们砍砍价，不同店铺间多比比价，如此才能挑出性价比最高的商品。

每每谈及这些，梁阿姨不禁感叹时代变化之快，今天的年轻人只需上网搜索便会出现各式各样的装修攻略，足不出户便可获取关于装修设计、材料、价格等各类资讯，更能一键下单、送货上门……这些都是当年无法想象的。梁阿姨打趣道，新婚的时候与丈夫一起筹划装修，哪怕多跑几个地方，也一点不觉得累。当时抛弃了传统采用明线或外露电线盒的做法，直接将电线穿管后埋入墙中，为了节省支出，她丈夫更是自己动手拉电线，不怕辛苦也不怕麻烦。夫妻俩看到婚房装修完成那天，感觉一切都是值得的。或许，这就是装饰婚房对年轻夫妻们的特殊意义吧。

家庭式酒吧台的装修设计，在 90 年代初刚刚兴起流行。梁阿姨告诉我们，当年利用婚房的转角处建成休闲吧台，在柔和的灯光下围台而坐，别有一番情趣，这也是当时最引以为傲的时尚设计，亲朋好友无不称赞。后来搬家装修时，仍延续了酒吧台的设计，不同的是利用吧台将客厅与餐厅进行隔断，充分利用空间之余增添了一些情调与浪漫。非常有趣的是，广州人的春节有"行花街"（逛花市）的习俗，梁阿姨一家钟情于被称作"五代同堂"的黄金果，春节之时将一串"五代同堂"挂在酒吧台前，在传统文化与现代艺术的碰撞融合下，寄寓的是一家人对健康团圆、幸福生活的美好愿景。

1993 年，女儿出生，原来的一室一厅已不能满足居住所需，梁阿姨便申请更换到一套 70 平方米的福利房。这套三室一厅的福利房已带有简单装修，又因女儿刚出生不便翻新，简单收拾过后便入住了。

最让梁阿姨印象深刻的是，女儿出生时值盛夏，天气非常炎热。自己和女儿还在医院，但有好几天丈夫屡屡不见人，询问他去做什么，却支支吾吾、答非所问。产后敏感多疑的自己不禁感到难过，是否生了女儿，丈夫便不待见我们母女呢……一切的疑虑伤感，在出院回家后都化为惊喜与感动。原来，丈夫那几天都在四处奔走，为家里装上了第一台空调，想给妻子一个惊喜。当年的空调由于产量少，供应货源十分紧张，需要凭批条购买。这台空调花费将近 4000 元，对许多家庭而言是当之无愧的奢侈品。后来许多亲戚朋友来家中看望刚出生的女儿，无不羡慕，女儿长大后总说："还好我晚点出生。"这一点一滴，梁阿姨都记忆犹新。

◎ "这次一定要好好装修"

1996 年，女儿已经三岁了，当年未经翻新便住入的三室一厅已经显得很旧了。为了给女儿更好的居住环境，梁阿姨与丈夫决定要重新好好装修一番。有了当年装修婚房的经历，夫妻俩也算积累了不少经验，从布局设计到材料挑选，算不上精通但也已经比较了解了。最初夫妻俩的预算是 10 万元以内，但最后实际花费将近 12 万元，梁阿姨不禁笑了笑说，计划永远不如变化快，哪怕做好了预算，大部分人实际装修时都会超过一些的。

旧屋翻新需要一家人搬离一段时间，梁阿姨一家在附近借住，于是账本上出现相关的费用：搬屋 360 元，拆空调 150 元。梁阿姨现在回想起来，其实也是挺麻烦的，需要找借住之处、拆卸空调电器、打包行李等，当时可能还年轻，不怕折腾。虽然后来这套旧房装修后只住了 6 年时间，但这 6 年恰恰是女儿童年最美好最无忧无虑的时光，以致后来需要卖房的时候女儿还闷闷不乐了一段时间。是啊，女儿在这个房子中从懵懂孩童步入学生时代，对梁阿姨一家而言，这里装满了太多太多的甜蜜回忆。

翻开泛黄的小本子，里面记录着当年装修的一点一滴。那时候 70 平方米的房子土建大约 1.2 万元，已经包括人工和基本材料，与现在动辄十几万的硬装费用相比，简直可以说是太划算了。账本中记录着"买抛光砖 7600 元"，90 年代是抛光砖刚刚兴起的时候，以前八九十年代大多使用的是马赛

搬尾 360元　　　　折贺润 160元
大建　先于村季 1万 十另加 1200元
其6.万造木草 先草　3万十酸18 十1万十厚
买抛光砖　7600元
✕改造煤气　375元（未）
水曲柳　2455元
门框改柳十... ...元

折价3交 1700元
冰箱　2781 元
洗衣机　3180 元
交应　4726 元
茅几　750 元
双层床　1450 元
圆皮橱　240 元

⑧ 儿童床及垫　　　　1678元
⑨ 窗帘　　　　　　　1850元
⑩ 买铁门（领）　　　1030元
⑪ 藏洗衣机（两好12.23）3860元
⑬ 清毒柜（改门）　　1121元
⑬ 床垫　　　　　　　1881元
⑭ 挂钟　　　　　　　170元
⑮ 购不锈钢用品（领等）335元
⑯ 购用品 24...

旧屋翻新的花费记录，一个既折腾又繁琐的过程

换了新屋，家具和电器趁机更新换代

孩子和老人的花费，生活从来都是充满各种爱和各种不容易

克瓷砖和水磨砖，抛光砖款式多样、美观时尚，受到当时人们特别是年轻人的追捧喜爱，至今仍然是许多人家庭装修的第一选择。

梁阿姨向我们指出账本中最大的支出——全屋造木家具6.5万元，包括造木和水曲柳。那个年代的人们，特别喜爱实木家具，认为其质量好、非常耐用，哪怕贵一些，需要找专业木工打造，十分繁琐，但一想到可以用很久很久，也值得了。这些替换了房间和客厅的老旧柜子，想着女儿以后读书，更添置了一张书桌和一个书柜。这张书桌和书柜，后来搬家的时候也不忘带上，虽然书桌的桌面上已经有各类油性笔、画笔、小刀等留下的痕迹，但至今仍放在家中。书桌陪伴女儿度过了从小学到大学的整个学生时代。梁阿姨还清晰地记得，小时候在书桌前给女儿讲故事、检查作业、讲解练习题，后来女儿学的知识似乎越来越难，书桌两旁堆的试卷和练习册也越来越多，自己经过女儿房门前也会小心翼翼，生怕打扰到她看书学习。

沙发5780元、餐桌4726元、窗帘布1850元、抽油烟机830元、热水器340元、冰箱2791元、洗衣机3180元、2部空调8300元……除了土建硬装，装修给人们最直观的感受往往是家具电器的升级换代，摒弃老式陈旧的家具，换上时尚新式的家私，添置各类家用电器。当年的电器基本都可以说得上是"大物件"，特别是冰箱、洗衣机和空调，看似与今天相差无几的价格，但在当时可以算是"大支出"。电器毕竟不如家具耐用，还要期盼它能质量好些耐用些，寿命能长一些。当装修完成搬回家中的一刻，明亮的房屋、全新的家具，梁阿姨一家感觉一切都是值得的，女儿在崭新的家中肆意奔跑玩耍，给往后的日子增添了许多欢声笑语。

◎ "如果能住上电梯房该有多好"

人们对房子的追求，背后更多的是对生活品质的追求、对美好未来的向往。梁阿姨告诉我们，曾经自己和丈夫无时无刻不幻想着有朝一日能住上电梯房。但是，谈何容易呢？90年代的商品房价格普遍很贵（虽然比现在便宜很多，但当时没有贷款，收入又低，普通工薪家庭也难以买得起），当年附近带电梯的高层房屋，大约8900港币（约10000元人民币，广州当时很多商品房是港商开发出售的）一平方米，这个数字梁阿姨仍记忆犹新。而且，当年一些楼盘的开发商跑了，成了彻彻底底的"烂尾楼"，人们的首付更是血本无归，大家对买商品房会有不小的担忧和恐惧。其实，当年梁阿姨最大的心愿，是让年迈的父母住上电梯房，"自己还年轻，爬楼梯没什么的"，梁阿姨笑笑说，"但我们最担心的就是老人家腿脚不好，爬楼梯不方便"。是啊，如果能住上电梯房，特别是对老人家，可以不用再为搬东西爬楼梯而烦恼，也可以不用担心以后老了爬不动怎么办。这或许也是现在许多老旧房屋加装电梯的原因吧。

"先让老人家住上电梯房"，这是梁阿姨一家的心愿。往后的几年，梁阿姨与丈夫省吃俭用、勤奋工作，存下了一些

梁阿姨动用了全家多年的积蓄为父母购置第一套电梯房，只为年迈的老人不再爬楼梯

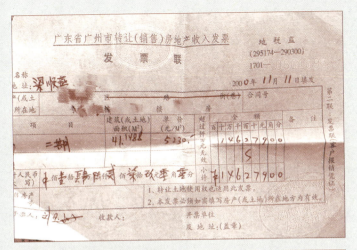

为老人特意购买的座厕、床垫、摇椅，代表着浓浓的孝心

物业管理费出现在人们的生活中，它让人们居住的品质越来越高

积蓄。2000 年中国全面进入商品房时代，大批商品房开始规划建成，房价与 90 年代末相比有所回落，梁阿姨为父母购置了第一套带电梯的商品房，约 42 平方米的一室一厅，带有大阳台，位于父母熟悉的老城区，当时几乎动用了全家的积蓄。梁阿姨小心翼翼地翻出当年的票证，上面清晰地写着"首期 21809 元""二期 146279 元"，总价近 17 万元。"但花费远远不止这些"，当时第一代商品房基本上是毛坯房，后期装修投入会比较大。

小小的纸张清晰地记录了为父母房屋装修的支出明细，硬装修分四次给付，共 28100 元。除此之外，都是一些家用必需品，包括洗菜盆 120 元、铁门 1500 元、大门 247 元、空调 4850 元、热水器 660 元、水龙头 400 元、吊灯和灯泡 438 元等。翻看记录时我们发现，其中有座厕、床垫、木摇椅等贴心的物件，考虑到父母实际生活所需，更方便、更舒适、更实用是梁阿姨在装修和购置家具时的首选条件。此外，为使小户型房屋的视野能更加开阔，梁阿姨还时髦地采用了开放式厨房的设计，使客厅与餐厅融为一体，一边做菜的同时也能与家人进行交流互动，整体氛围更为温馨和谐。

2000—2001 年，除了 56453.3 元的装修款外，梁阿姨夫妻俩为父母房屋装修投入了大量的时间和精力，其间还发生过一件趣事。当时每逢周末，夫妻俩都需要去新屋监工、跟进装修事宜，忽略了正在放暑假的女儿。可怜的女儿从周一盼到周五，好不容易等到了周末，爸妈不用上班了，结果又去了外公外婆家那边搞装修，为此发过好几次脾气，好不气愤。在将近装修完成时，有一次女儿实在忍不住了，说："你们装修霸占我爸爸妈妈，以后我要拆了你的房子！"这可让梁阿姨与老人家他们哭笑不得，女儿咬牙切齿、面红耳赤的场景，至今仍历历在目。后来看到精美的房屋和明亮的卫生间，女儿当初的委屈不满顿时烟消云散，每次过去总赖着不想回家，每到寒暑假更吵着要去外婆家住上一段时间。

2002 年，梁阿姨与丈夫通过贷款购置了真正属于自己的电梯房，104 平方米的三室一厅，带有简单装修的标准交楼。越来越多的人更倾向于购买带装修的商品房，梁阿姨和我们说，这样既省心又能节约后期的装修费用。这一次的装修，夫妻俩显得更有经验、更为从容不迫，在原装修的基础上，针对自己家的实际需要进行调整。例如，在女儿床前设有书柜，方便取阅的同时又增加了图书资料的收纳空间，一举两得；房间采用木地板的设计，既高档精美又防滑舒适；等等。

十多年前的账本上记录着这么一项新支出——"管理费604.71 元"，这个数字是梁阿姨一家一个季度的管理费，从2002 年 12 月至 2003 年 2 月，交楼后即使未正式入住，这笔费用也是必须支出的。与福利分房不同，商品房往往配有物业管理公司，或为房屋开发商自营，或为外聘公司，管理人员们会与住客亲切地打招呼，其他人进出均需要登记，24 小时安排人员值班。物业管理，就是一座楼宇的"大管家"，它增加了小区住房的安全性，提升了人们居住的品质和体验。

孩子的喜悦是最掩盖不住、无法欺骗人的。新房装修后，梁阿姨夫妻俩为女儿精挑细选了既舒适又可爱的儿童床垫、儿童被等床品，花费了8000多元购置了家中第一台联想电脑供女儿学习。当女儿进入自己房间的一刹那，满脸的欣喜与笑容，很快便忙着自己收拾东西，也不让别人帮忙。想起女儿当时迅速"独立"起来的场景，梁阿姨实在是哭笑不得。

从福利分房、旧房翻新到让父母住上第一套电梯房、自己购置房屋，梁阿姨账本中记录着的不是冷冰冰的数字，而更多是那些年关于家的记忆。为购置房屋省吃俭用、劳心劳力，为装修设计尽善尽美、四处奔走，其初衷都是为了给家人提供更美好舒适的居住环境。梁阿姨还与我们分享了几张发票记录，2007年浴霸298元，2008年液晶彩电12500元、2010年干衣机1698.3元，2013年除湿机3015元……越来越多"新成员"进入到生活中，一家人的生活品质也越来越高了。人们常说"龙床不如狗窝"，房屋对许多人而言，最重要的并不是虚高的房价、奢华的装修，而是在家庭岁月中那些无法替代的温馨回忆。

◎ 90后女儿的家

关于家，关于房屋，关于装修，是一代人又一代人的喜好与想法。梁阿姨有一位90后的女儿欣欣，2018年通过贷款购置了一套60平方米、两室一厅的房子，房屋贷款几乎占了女儿一半的家庭总支出。梁阿姨不禁感慨，现在年轻人压力真的挺大的。与梁阿姨的传统账本不同，欣欣使用的是电子账本，从硬装施工到定制家具、购买家电，手机备忘录上清晰地记载着其中的各项支出。

"现在的人工真的很贵"，欣欣告诉我们，即使在不改变房屋格局的前提下，施工硬装的人工费基本上也与材料费持平。装修公司动辄十多万元的报价，让年轻人不得不精打细算、货比三家，才能选择性价比最高的装修团队。人生属于自己的第一套房子总是让人异常紧张而兴奋，大到瓷砖、门窗，小到开关面板、水龙头、弱电箱的选择，欣欣都货比三家、亲力亲为。根据自己的设想，一砖一瓦地组砌起自己的家，永远也不会与他人雷同，或许这就是家装最大的乐趣吧。

橱柜定制约 25000 元、洗碗机 5499 元、浴霸 637.6 元、淋浴门约 4000 元、马桶 6999 元、智能镜柜 2340 元、现代风格浴室柜 2645 元……房间与客厅"门面"的精心设计与投入是可以理解的，然而女儿欣欣却非常注重厨卫的设计，不惜花费大支出在厨卫用品上，色彩艳丽的烤漆橱柜、智能触摸屏 LED 镜柜、遥控型多功能智能马桶、自带消毒功能的洗碗机等，这让梁阿姨有些百思不得其解。是啊，时代在发展变化，家装设计也与当年发生了很大的改变，从装修师傅的手绘图到现在 3D 立体的电脑效果图，从找木工师傅打造家具到全屋定制的兴起流行，从注重实用性到多样的个性化设计，唯一不变的是人们在置业家装中寄寓着对家人爱的付出，以及对未来的美好向往。

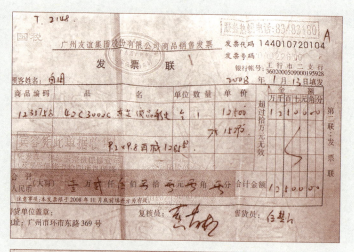

16:17

< 备忘录

2019年7月26日 16:17

装修：

硬装30000元（预计约70000元）

新中源瓷砖13384元（已付清）

全屋门定金5000元

物业管理费、电梯维护费、工卡等320元（押金1580元）（已付清）

弱电箱+模块271.57元（已付清）

"安得广厦千万间，大庇天下寒士俱欢颜。"这是一千多年前杜甫的希冀，也是千百年来一代代中国家庭的安居梦想。民生连着民心，安居才能乐业，住房问题是重要的民生问题，事关社会稳定和群众福祉。新中国成立70年来，城乡居民的居住环境和居住条件得到巨大改善，基本实现了"住有所居"到"住有宜居"，温暖、舒适让房子不仅仅是房子，而且是心的归属、爱的港湾。

账本里梁阿姨家两代人将近30年关于"住"的变化过程，相信很多人都有过类似的经历。接下来，我们还是从账本故事出发，说说关于房子、装修和家的安居大事。

账里乾坤

从"有得住"到"住得好"

◎ 从筒子楼到商品房：居住条件在改善

房子似乎是人一生中最重要的东西，从呱呱坠地到迟暮垂矣，它是一个人生活的栖息地。这块建筑物承载起来的空间，人的一生超过二分之一以上的岁月都将在此度过。改革开放40多年来，大家的居住条件和居住环境发生了惊人的变化，由此也带来了关于房子的诸多话题。从土房到盖板房，从木头房到水泥房，从平房到楼房，从福利房到商品房，从一家几口人蜗居在不到20平方米的斗室里，到现在一家人享受宽敞的居室……当然，在一些大城市，伴随居住环境和公共服务的改善，以及大量人口的涌入，房屋的价格也在不断上涨，越来越多的年轻人面临着巨大的购房压力和高昂的生活成本。

历史总是需要比较，才有更准确的坐标。改革开放前，中国实行福利分房制度，筒子楼作为颇具中国特色的一种住房样式，正是七八十年代中国单位住房分配制度紧张的产物。筒子楼面积狭小，一条长走廊串连着许多个单间，每个单间有十几平方米，被人们戏称为"兵营"。厨房和厕所都是公用的，一条走廊每天演奏着锅碗瓢盆交响曲。拥挤不堪，却也带来许多欢声笑语，生活在筒子楼，是一代中国人集体的记忆。随着时间消逝，筒子楼渐渐破旧，也不再能满足人们的居住要求，于是大家把它重新改建，将里面的单房改成了套房，单元的门前都安上了厚厚的防盗门，但筒子楼里住的人还是不断减少。它成为人们记忆里的风景。

从 80 年代中期开始，国家建设的物质条件不断改善，老百姓居住条件迈上了一个大台阶，农村里的茅草房逐渐改建为砖瓦房，城市里许多人住上了带有卫生间、厨房的单元房，梁阿姨最开始的第一套单位分房便是典型例子。过去筒子楼式的拥挤一去不复返，虽然说用现在的眼光去看房子仍然比较小，但在当时却是又大又宽敞的家，私密性、舒适性也得到显著提升。

进入 90 年代，国家开始大力实行住房制度改革，住房变成了家庭的重要财产。原先的福利分房渐渐被商品房取代，于是，房屋、楼价问题成了人们生活中最关心的问题。但毫

过去一家人住十几平方米
的房子，连洗澡都要到外
面的公用澡堂去解决

没有足够的空间，晾衣服
也要见缝插针

狭小的活动空间里，家庭
主妇总是等着孩子入睡后
再干家务

无疑问的是，住宅的市场化让楼房更符合人们的居住需求，从户型设计到物业管理配套，人们的居住环境得到了极大的提升。

进入 21 世纪，在快速城镇化的推动下，房地产业迅猛发展，住房的需求和供给相互促进，房子变得越来越宽敞明亮，除了硬件的变化，软件的变化也切实改善了居住条件。随着商品房市场的蓬勃发展，迅速带动了配套产业的发展，各式各样的家具、电器开始进入人们的住房。冰箱、彩电、洗衣机、空调、电饭煲、微波炉等一系列家电，可以说是现在每个普通家庭中最基本的家用电器。在改革开放之前，谁家要是能拥有一台收音机，就是一件了不得的事儿，那是需要全家人节衣缩食地攒上几个月，才能够买得起的一个大件家用电器。家用电视机的数量屈指可数，算是个稀罕东西，谁家有了电视机，谁家就成了"电影院"，周围邻居聚在一块儿观看，甚是热闹。

住宅周边环境也发生了巨大的变化。之前大家都蜗居在筒子楼、石库门、弄堂，每个家庭很少有独立的厨房、储物室等，楼道里到处充斥着油烟味和堆放的杂物，居住环境比较差。如今居住的环境已经大为改观，楼道整洁，大院管理有序，很多小区环境舒适宜人。几乎所有的小区或楼宇，都配备了物业管理，消防、保洁都有保障。垃圾处理和绿化设施配套齐全，公共场地设有供居民健身娱乐的广场，健身器材样样俱全。新中国成立 70 年来，中国人从"有得住"到"住得好", 生活质量稳步提高, 基本实现了"住有其所"。

◎ 从大杂院到新设计 : 居住需求在提升

　　人民对美好生活的向往, 一定包括居住需求的提升。随着人们生活水平的不断提高, 对住房的需求也开始从数量转向品质, 居住需求向多层次、个性化、高品质转变。20 世纪六七十年代, 受到物质条件限制, 城镇住房多由国家分配, 居民住宅大多面积小且设施简陋, 如北方的大杂院、南方的亭子间等。分到一套房成为当时大多数人的最基本需求, 个性化、更舒适、高品质更是成为当时遥不可及的奢望。

　　改革开放以后, 随着中国住房制度的改革, 商品房市场开始蓬勃发展。老式、狭小的居民楼已经不能满足人们的需要, 各式各样的住宅小区拔地而起, 楼房鳞次栉比。几代人挤在十几平方米的地方, 这种情形开始逐渐减少。其实"人均居住面积"一词的出现, 正是展现了中国居住质量的不断改善。宽敞明亮的客厅, 设施齐全的卫浴厨房, 安静舒适的卧室成为现代住宅的刚需, 根据个人需要还配有书房、婴儿房、健身房等特殊功能房间。人的住房需求, 从居住面积这一数量指标上, 得到了更大程度的满足。

　　随着消费需求的持续升级, 老百姓的居住需求也在不断更新换代。高层住宅、复式住宅、花园小区、单门独院的特色别墅等多样化的居住类型, 层出不穷地涌现, 充分满足不同收入群体的差别化居住需求。人们对住宅的需求已不是单单局限于面积大，而是向更宜居、更健康的生活品质要求转变，提升"居住体验"成为今天很多家庭换房、买房的目标。为了让居住体验更好，家具从追求实用耐磨向注重品质、功能齐全转变，美观和健康成了人们挑选家具的参考因素。装修注重个性化，充分满足特色需求，房子成为一张画卷，由人们自己亲手描绘出自己满意的家。

还有很重要的一点是，生态环保也成为人们衡量居住品质的重要指标。可持续发展观念深入人心，绿色环保是健康住宅的关键。装修材料、家具要健康、环保，家电尽可能采用低能耗型。合理利用太阳能等绿色能源，越来越受到建筑行业的重视。设计上，按照"阳光适度"的原则，厅、卧室大量采用落地窗、外飘窗及角窗设计；外墙采用保温体系，大大降低了能源损耗，有利于节能和延长住宅楼的使用年限。住宅也要与自然和谐相处，绿色生态健康住宅成为 21 世纪住宅消费的新热点、新卖点，也正满足人们高层次、高品质的居住需求。

房子，要成为可以居住的地方，装修往往是个不可缺少的过程。很多人对家的认知，除了房子，就应该是装修了。正如账本中梁阿姨一家关于"家"的记忆，几乎都跟装修联系在一起。

✍ 装修，让房子成为家

◎ 装修的时代印记

古人讲究先成家后立业，成家跟房子紧密联系，房子要成为家，装修装饰不可少。中国人对住房装修的追求似乎蕴含着一种"我家固我样"的情结，装修风格如房屋主人之性格，打造属于自己的家，对他们来说充满着使命感和归属感。严格说来，普通居家的装修，在中国的发展历史其实并不长。当人们从过去一家几口挤在十几平方米、二十几平方米的小房子，搬进了六七十平方米的房子，这才给装修提供了施展的平台。回顾中国装修的时代变迁，从侧面记载了一代代中国人的生活变化和审美情趣，给每个时代镌刻下特色的印记。

20 世纪七八十年代家居装修和装饰大多是为了满足基本生活需要，人们的脑袋里并没有太多什么"装修"或"设计"的概念，简单实用就行了，水泥地面、粉刷白墙，再找木匠师傅打几件家具，这装修就算做完工了。虽然简单，但是木匠师傅手工打造的家具却也耐用、细致，梁阿姨家的木制家具也是如此。与现代普遍的工业品家具不同，自制家具留下的是岁月的厚重感和家庭特有的印记。很多人对过去家的记忆，必有那么几样极富时代感的装修和家具，如父亲的灶台，奶奶留下来的装衣服的木箱子，妈妈用缝纫机做的碎花布窗帘，被弟弟"骑马"磕破角的板凳……让人印象深刻的是，壁纸、墙纸的匮乏让报纸、画报成为那个时代装饰房间的特色"背

过去的家用电器很少，谁家有部黑白小电视，都会吸引不少邻居的孩子去看

简单实用的家具，报纸和画报贴在墙上，就是很多人对曾经"装修"的记忆

宽敞明亮的房间，人性化的设计，提升了居住体验

景墙"。没有条件做到更好更多，倒也摒弃了繁琐复杂，简单和温馨让"家"变得简洁实用、温暖宁静。

到了 90 年代，随着住房和装修市场的繁荣，装修开始焕发出活力，进入寻常百姓家。那种胶合板配上猫眼灯的吊顶棚流行起来，取代报纸、画报贴墙的壁纸、壁布的应用也越来越广泛。钱包渐鼓的人们恨不得把室内每个角落都布置得像模像样。所以，亮闪闪的金色脚线，华丽的胶合板，各种各样的地板砖、地板，以及各种各样的吊灯、射灯、猫眼灯、灯带出现在人们的居室中。视觉感受成为当时装修的一大追求。物质的逐渐富足也让各种眼花缭乱的家具、电器进入人们的生活。翻看梁阿姨装修自己房子的小票，沙发、餐桌、抽油烟机、热水器、冰箱、洗衣机、空调等各种"装备"占了不少支出。家具电器的升级换代体现了中国经济的发展和居民生活质量的提高，毛坯房被精装修替换，老式陈旧的家具被时尚新潮的家私所取代，"家"里的"东西"越来越多，越来越现代化。

随着人们对于个性化居家的追求，以及消费理念的不断升级，21 世纪的装修风格走向多元化：欧式风格别具异国情调，装饰花纹精细似雕塑，风格沉稳厚重、典雅精致；美式乡村风格看起来洒脱随意，让人倍感轻松；日韩式的榻榻米，别具一格；宜家北欧乡村风格也受到年轻人的喜爱，中式极简装修是很多中年人的选择……选择的多元化，个性的解放，装修已经不再是简单的住宅布置，而是成了一种生活态度的外在表现。对像账本故事里梁阿姨女儿这样的当代年轻人来说，全屋定制成为新潮流，具有个性化强、装修效率高、空间利用度大的特点，其所倡导的"一家搞定、拎包入住"的便捷装修理念，更是让不少忙于工作的年轻人省心省力。现在人们装修所挑选的家具、电器越来越注重品质，从实用性转向功能性、智能化，科技的力量让家电成为你的专属管家，除了给家增添温暖和舒适，更是把人从繁琐、枯燥的家务中解放出来，去做自己想做的事情。条件改善，经济发展，社会进步，终极目标还是落在人身上——生活更美好，以及更自由而全面的发展。

◎ 装修中的经济学

"装修"这简单的两个字，却耗尽了多少家庭的无数心血和精力。从装修账本支出上，我们可以感受到，生活中处处有经济学，处处需要经济学。装修劳心劳力，本质上是因为各种"纠结"和"计算"。这其中最让人头疼的问题是，如何权衡装修支出和装修质量，权衡取舍的问题。权衡英文叫tradeoff，就是讲投入和产出——如何利用最低的投入获取最大的产出，这也是经济学中最核心的命题。

上述账本故事里，对梁阿姨她们来说，怎么让钱花得更有价值，说起来容易，做起来其实非常困难。买一件家具，东奔西跑，货比三家，犹豫不决，其实归根结底是信息不对称的问题。商业上有句话：你的消费就是别人的存款。当我们大把花钱的时候，就是商家大把赚钱的时候，装修的业主只有了解更多的信息，才能做出更优的选择，但获取更多信息，成本是非常高昂的。与以前信息闭塞不同的是，现在互联网让商家和消费者之间信息不对称的鸿沟在不断缩小，这为现在的装修提供了极大的便利，在网站、APP和公众号上，各式各样的装修材料、报价、质量等信息一目了然。由通信技术升级带来的新业态、新产业、新模式，正在改变甚至颠覆着传统的装修行业，以及我们的生活。

翻看梁阿姨家的装修账本，从第一套福利分房到给父母买电梯房再到自己家买电梯房，可以很直观地感受到，家电类的工业制成品价格变化不大，有些种类甚至还降价了（如电视机、空调、洗衣机等等，价格降低了，功能却更多了），而人工费却不断攀升。随着中国工业化进程的深化和技术的升级换代，与新中国成立初期物资匮乏、生产力低下相比，工业制成品的生产效率大幅度提升，成本不断降低，功能却持续升级。随着人们生活质量的改善，需求不断扩大，市场供给不仅规模在扩大，产品质量也不断提升，价格因为规模经济和生产流程改进却自然回落。而且由于市场竞争激烈，不少商家为了抢占市场份额，利用打折、通过对消费者分类实行价格优惠等手段降低产品价格，并且以提升自身产品功能、质量来吸引顾客，市场的繁荣最终让商家获利，使消费者受益。

与工业品的相对降价相比，附加了人工成本的服务价格却不断上涨，装修人工费用的快速上升就是我国劳动力成本不断提高的直观体现。价格低廉而数量巨大的劳动力是过去几十年我国经济快速发展的重要原因，这又被称之为"人口红利"或"劳动红利"。但随着我国人口结构的变化（如劳动年龄人口减少）和产业结构的转换（如第二产业就业减少，第三产业就业增加），劳动力的相对稀缺、生活成本的提高都使得劳动力成本越来越高。因此，一些工业化程度低或技术替代性差的服务业（如装修、餐饮、家政），其人工费就以更快的速度上涨。从经济发展的规律来看，这个过程和变化是必然的，也是正常的。又比如，居住服务需求的升级也让物业管理服务进入普通大众的视线，物业管理中的人工投入是大头，长期算下来，物业管理费对住户来说也是一笔不小的支出，但这也是省不掉的，因为这是优质居住环境的保障。

◎ 有人，有爱，才有家

房子是家的物理载体，代表着是安全感、归属感。但即使是房子装修好了，什么都齐全了，拎包即可入住了，但如果没有人住进来，依然不能被称之为真正的"家"。冰冷的房子，是因为住进了人，有了欢声笑语，才使它变得温暖起来，才让它有了生命的活力。对中国人而言，房子承载了无数人的爱与情感，有爱情、亲情、友情，有酸甜苦辣，也有百味人生。一个房子，住着几个人，承载着一个家，寄托着你我的归宿。回家,是这个世界上最简短却又最温暖的一句话。在这个"家"中，每天上演着亿万人的生活百态连续剧。

无数像梁阿姨一样的年轻人，因为爱情，和另一个人走到了一起，两个人，组成了一个家，这期间，买婚房、装修新房是必不可少的。或许两个人因为观念不同时有争吵，或许两个人一拍即合，迅速达成共识，装修房子，装饰新家，这些磕磕绊绊对新婚夫妻来说，是一种感情之外的生活磨合和考验，也是增进感情、促进理解的一种方式。亲手装扮好爱的小屋，在自己的一方天地继续经营自己的爱情，房子就像一个不会言语的录影机，陪伴着两个人在岁月长河中前进，见证新生命的诞生，记录抚养孩子时的鸡飞狗跳，以及数不清的烦恼时刻和动人瞬间。爱，就像是酒曲，在它的催化下，总有一天，岁月会把爱情酿成更加浓厚、更加香醇的亲情，而房子就是盛放美酒的老坛子。

小的时候父母操心孩子，总想给孩子创造更好的生活和学习环境，房子如何更好玩，如何更安静以便于做作业，是装修这个家的首要导向；而等父母老了以后，就变成另一种"孩子"，同样让人去牵挂、惦念，需要更多的陪伴。对老人来说，体力下降，腿脚不方便是普遍问题，老式的楼房不再适合他们居住，每天上下楼梯成为一件大难事，甚至稍有不慎就发生摔倒、骨折等突发事件，让人胆战心惊。梁阿姨正是考虑到这一点，和丈夫商议后咬咬牙为父母买了第一套电梯房，给父母买安心、买舒适。有了电梯以后，老人不用费劲爬楼梯，出行也方便，更重要的是，这份浓浓的孝心，是多少钱都买不来的。房子成了一家人共享天伦之乐的场所，陪伴、亲情与爱，充盈在这里。有人，有爱，才有家。

　　说到房子和孩子，学区房恐怕是个绕不开的话题。在中国的绝大多数城市，学区房都是有孩子的家庭购房的一大热门。真要追溯，学区房的渊源可追溯到孟母，三岁的小孩子都会背诵"昔孟母、择邻处"。孟母搬了三次家，愣是把自己家搬到了学区房驻地，这一点对于孟子的成长有着重要的意义。中国家长们望子成龙，盼女成凤，都盼望着自己孩子早日成为让众人艳羡的"别人家的孩子"，对家长们来说，学区房俨然就是孩子们的起跑线。优质教育资源的紧缺，以及对名校的强烈期许，让不少家庭不惜对较为破旧的学区房砸下重金。除了居住的本身属性，学区房承载的是父母沉甸甸的爱以及对孩子未来满满的期待，尽自己最大的能力为孩子提供一切更好的条件，对孩子有利的事情，都会不遗余力去做。父母和孩子，爱与奉献，让房子变成了承载寄托和希望的小船，在往后的岁月里一同前进，一路同行。

账本里的大学记忆

马卫红的账本故事

🖊 精打细算的大学生活——马卫红的账本故事

本次账本故事的主人公马卫红，是笔者在南京读博时的同学，她当时已经是一名大学教师，在职读博，年龄虽比我大些，但进校比我晚，所以平时我叫她马姐，她叫我师兄。马卫红1975年出生于山西，90年代初考上了河北省的一所大学，开启了四年的大学校园生活。那时候大学还未进行大规模扩招，高校招生名额十分有限，能顺利考上大学可以说是"千军万马过独木桥"。所以当时的大学生被人们称为"天之骄子"，马卫红就是其中一个。

1994年，马卫红怀揣着忐忑又期待的心情踏进了大学校园。那时候她和其他同学们一样，学费虽然不多，但生活费十分有限，不能任性地想要买什么就去买什么。虽然偶尔做个家教能有点小收入，每年的奖学金有一两百块钱，但总的来说挣得也不算多，还无法独自承担大学生活的所有开销，所以马卫红的生活费来源基本上还是依靠家里。为了顺利度过大学时光，必须有计划地进行消费，于是马卫红买了一本小本子，一笔一笔地记录下大学时期的生活开支，和宿舍的姐妹们一起过上了精打细算的校园生活。接下来，让我们一起翻开其中一本本泛黄的账本，走进这位90年代大学生当年的校园生活。

◎ 衣食住行不可少

9月初的山西秋高气爽，路边的梧桐树随着微风拂过沙沙作响，身边的人们纷纷穿上了薄外套。去河北念大学是马卫红第一次自己出远门，她拎着大包小包的行李坐上绿皮火车，下了火车才发现，这里的人们都还穿着短袖呢！赶到学校的时候，已经汗流浃背，在师兄师姐的帮助下完成各项入学手续后，在学校门口的商店里，花了9元买了一件简单的T恤，迅速融入热火朝天的夏日氛围中，这成了马卫红账本里的第一笔生活支出。

到了大二，经历一年的时光，同学们对学校周围的环境渐渐熟悉起来，为了省钱，宿舍姐妹几个相约着去当地批发市场购买换季穿的衣服，买了一件30元的衬衫和一件16元的短袖衣，都在账本里面记着，这两件衣服马卫红连续穿了好几年。

到了毕业的那年，马卫红不仅签下了人生的第一份工作，大好年华里那颗青春而躁动的心也悄悄地拥有了归属地。有一天傍晚两人约会的时候，小青年（马卫红当时的男友）特地带着马卫红去夜市买衣服，一件短袖衣服 30 元，一条裙子 30 元，一个小包 20 元，这一套衣服穿在身上特别好看。在同学们疯狂合影留念的毕业季，"就靠那一身衣服到处照相了"，马卫红在回忆里写到。

最初开始记账的时候，马卫红一个月的支出用一页小小的 64 开纸就可以记下来。那时也不流行下馆子，吃饭都是整个宿舍的同学一起在食堂解决，学校的伙食费从刚上学时的一天 2 元到毕业时的一天 5 元左右，涨幅不大，但也算是四年间翻一番了。

翻看这些老账本，在大学四年的时光里，马卫红和同学们很少有娱乐休闲类的支出。由于资金和场地的限制，大学里面集体活动的形式也比较单一，私下里最常见的团体活动，就要数师兄师姐们组织的老乡会了，同乡的地缘关系、风土人情，通过联谊的形式也有了更为亲切和深入的表达。学期伊始，每当有新鲜血液加入进来的时候，各个省份的老乡会纷纷积极地组织开展聚会活动。老乡会活动实行 AA 制，马卫红清楚地记得，最开始的时候一次聚会的开销平摊后，每个人只需要支付 10~15 元，但是到了临近毕业时，参加一次老乡会花费将近 40 元，这可真是一笔不少的开销。

当时的物价总体上不高，马卫红的账本上还清楚地写着入学当年的 9 月份，给学校上交了学费 500 元、住宿费 100 元。从家乡山西出发到河北坐的是石太线上的绿皮火车，单程车费只需要 5 元，后来毕业的时候涨到了 10 元，从火车站

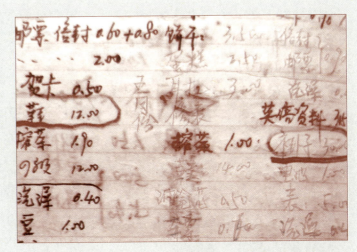

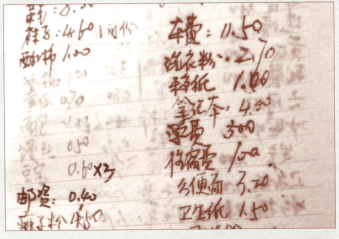

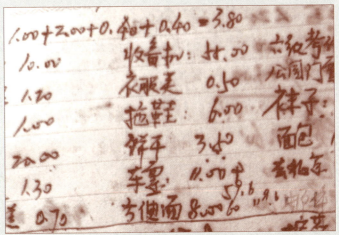

这是当时的日常支出，在下决心购买这些「耐用品」之前，是要经过一番深思熟虑

上大学的车费、学费、住宿费，虽然当时收入不高，但求学支出，也还能够承受

收音机，磁带，英语六级考试，学了经济学后，才明白这其实应该算是「固定资产投资」

到学校的公交车单程只要 4 毛钱。平时大家就在学校方圆 1 公里地的区域内活动，很少去市里，更别提今天的学生旅行了。只有在开学和放假的时候，要花钱购买家乡和学校的往返车票，除此之外，马卫红在出行方面很少有支出。

◎ 学习开支是大头

那时候大学生的日常生活很纯粹，没有网络、手机、电视，娱乐活动也不像现在种类那么丰富，学生们基本没有娱乐消遣的时间，也很少有浮躁的念头，偶尔参加一下集体的体育锻炼或其他班级活动，就算是难得的休闲时光。也正是因为如此，同学们几乎每天都可以有大量的时间沉浸在学习中。学校为了方便师生借阅图书，象征性地收取了一点借书费，并且制定了借阅规定，如果不超期的话，借阅一本书大概 5 分钱。

马卫红在回忆大学生活学习情况的时候感慨道，自己非常幸运地遇见了一群志同道合的同窗，四年来整个班级的学习氛围一直非常好，大家都会努力提升自己，想学习更多的知识，并且相互督促。马卫红在入学的第一个学期就花了 35 元去培训班学习电脑打字，要知道，那时候一名普通大学生每个月的生活费也只有 100 元左右，参加培训班就意味着接下来必须省吃俭用好长一段时间。

学会了打字还不够，她在大三的时候还斥"巨资"去参加校外的计算机培训，学费 120 元，另外再加上三四十元的练习"机时费"，这150元左右的巨额支出全部清楚地记录在她的账本上。好在后来顺利考过了计算机二级，可是光考试的报名费就要105块，虽然有点心疼自己那干瘪的钱包，但是当她双手捧起证书的那一刻，顿时感到所有付出都是值得的。当时，学习计算机一度被视作一种时髦的潮流、必备的技能，也是一项典型的人力资本投资，普通学生是无法拥有一台自己的计算机的，因此除了上培训班外，平时还需要借用计算机练习，需要支付一定的"机时费"。马卫红提到，不光是自己在拼命学习计算机，周围的很多同学都是这样做，还有同学付出了更大的努力和更多的费用。那时候的大学生对新事物、新知识的求知欲之强可见一斑。

当时在课余时间大家也喜欢看杂志，当年最流行的几本书是《女友》《读者》《演讲与口才》等，同学们各自买一本，互相借着看，并打趣说是为了"实现杂志资源的重复利用"。有些同学舍不得买书，就会到学校门口的书店去租书看，这样每次都可以节约几块钱。在大学期间，马卫红非常注重英语水平的提高，经常买《21世纪报》《大学英语》这一类的英语杂志，回到宿舍认真学习。报纸和杂志的每一页都认真看过，并做下学习标记，哪怕是广告页都不放过。

为了学好英语，听说读写四个方面哪个都不能少，在提高英语阅读水平的同时，马卫红还先后用过三个收音机来训练听力和口语。刚入学的时候，姐夫送给马卫红一个双卡的收音机，150元，价格十分昂贵，但是不能插耳机。为了不影响其他同学学习，马卫红只好在每天中午吃完饭，找一个没人的教室把收音机插上电，用外放来听磁带。那时候同学们用的英语磁带很少是原装的，都是找学校电教中心录的，5毛钱就可以录一盘。

后来马卫红自己也买过两个多波段的收音机，一个要55元，价格便宜了许多，可是质量也没有那么好，没用几年就罢工了。早上跑步的时候，校园里处处都是举着收音机边跑边听英语的同学和老师。那种收音机可以调频，大概有9个波段，每天早上锻炼的时候，大家都会选择收听BBC一类的英文节目，大家觉得既洋气又实用。在这种浓厚的英语学习氛围里，马卫红和她的同学们早早就通过了大学英语四六级考试。

◎ 勤俭节约靠团购

因为伙食全部在食堂解决，账本里记录的支出主要是水果、零食、洗漱用品、卫生用品、书籍等。仔细观察可以发现，在账本里还记了一类重要支出：信封、邮票、稿纸。那时候还没有手机、电脑这些方便快捷的即时通信工具，跟家里父母、亲朋好友之间的通讯交流主要靠书信。一笔一画、一字一句地写下对亲人的思念，邮寄、等待、回信，是那个年代人们独特的记忆。所以在刚开学的时候，信封和邮票成了最常买的物件，每个星期都要去小卖部买信封、邮票和信纸，每次花一两元，一个多月下来也用了10多元。

后来大家发现，买得多会更便宜。因此，为了省钱购买生活用品，宿舍姐妹们的团购意识越来越强。几个女孩会相互约着一起去学校附近的批发市场批发信封，也常常去食品街批发方便面，还会在学校门口的夜市一次性买一大箱卫生纸，大家回去一起分着用，有时候嘴馋了，就会拿个罐头瓶子去学校门口的小商店买十块豆腐乳和舍友们分着吃。

每回出门大家都是满载而归，一次购物可以供宿舍姐妹们使用很久。按照批发的价格来算，平均下来一个批发的信封可能比零售的信封便宜一分钱，一包方便面和一卷卫生纸大约能便宜一毛钱，校门口的一块豆腐乳比食堂的便宜两分钱。还记得宿舍里有个姐妹的口头禅就是：能省一毛是一毛！大家对这句口号都表示无比赞同。

那时候人们花钱都是以毛为单位来计量的。保定有名的红豆冰棍一根需要 3 毛钱，马卫红一周会允许自己吃一根，所以夏天一个月的冷饮费是 1.2 元。学校门口的水果都很便宜，一次都会买一两元的。冬天的时候，花 3 毛钱就能吃上一根当地非常有名的冰糖葫芦，比现在学校门口 5 元一根的要好吃很多。这些对当时的学生来说，已经是很大的幸福了。

如今，当马卫红翻看过往的账本时，不禁感慨，原来当年的自己这么穷啊！怎么连一根冰棍的钱都舍不得花呢！想起这些，马卫红不禁笑了笑，感觉有些不好意思。是啊，当年的物质生活或许远远不及今天的富裕，然而当年的这些大学生们，却是那个年代"最幸运的宠儿"，有同龄好友相伴一起寒窗苦读，有闺蜜兄弟共同倾诉心声，更有关乎未来的无限机遇与潜能。这些，恐怕才是大学生活的真谛。

从衣食住行的必需开销到提升自我的学习支出，马卫红的账本故事，也是千千万万20世纪90年代的大学生们的青春记忆。读书、高考、上大学，成为许多人远离故土、追寻梦想的唯一出路，成为一名大学生更是全家人的骄傲。那时人们的生活水平确实不高，这些大学生们不想因求学而增添家中的负担，一方面，他们省吃俭用、打工帮补，传承了父辈勤俭节约的美德，秉持着"能省一点是一点"的理念；另一方面，他们又渴望学习新知识、尝试新事物，学习计算机、英语等的投入可谓是"一掷千金"。这不再是老一辈人认为的"能不花钱就不花钱"，而是"要把钱都花在刀刃上"，或许，这就是那一代大学生们真正意义上的"精打细算"。

▌账里乾坤

✒ 大学生消费：从 70 后到 00 后

马卫红的大学账本，可谓是70后大学生的"回忆杀"，一页页消费记录，精确地刻画出了90年代的大学生活。恢复高考以来，70后大学生、80后大学生、90后大学生，00后大学生，40年，4个时代，过着4种不一样的大学生活。账本记录消费，消费代表生活，接下来我们从账本记录的消费出发，走进往昔的大学生活。

70后的大学生活：
简单的彩纸、彩灯装饰后，
操场、礼堂就成为吸引学生
们重要的活动空间

80后的大学生活：
随身听不离手，听英语听音
乐听流行歌

90后的大学生活：
共享单车成为大学校园生活
便捷的出行方式

◎ 收音机、随身听、电脑、手机

1977年恢复高考以来，大学，作为一个教育机构，也是人生"加油站"和"塑形器"，承载了无数人的青葱岁月和美好回忆。

对于考上大学的70后来说,那时的大学真的是"象牙塔"，强烈的求知欲望、骨子里的理想主义、简单平静的生活，是那个时代与那群年轻人的标志。20世纪八九十年代，中国经济发展还比较落后，物资依然相对匮乏，生活条件较差的大学生比比皆是。大学生的入学装备大多为实用型的物品，的确良白衬衫、手织的毛衣、暖水壶、手表、钢笔、结实的背包是他们的标配。听歌都是用磁带和收音机，音响是"时髦"和"奢侈"的代名词。生活费每月就几十元，大多用来在食堂吃饭，衣服虽说是能穿就行，改装成港台时装潮流才是第一追求，饭吃得饱就好，偶尔买个水果、零食，都是小小的享受。看小说，可是重要的休闲娱乐，没有电脑、手机，集体娱乐很重要，一堆人凑在一块儿"穷开心"也是美好的回忆。

到了80后大学生，受到高校扩招政策的影响，大学生不再是那么稀缺，大学生活也随着物质的逐渐富足而慢慢丰富起来。大学生入学的"装备"提升到了前所未有的水平,CD机、随身听、BP机都慢慢在大学校园普及，后来，手机和个人电脑的身影也开始在大学校园出现。饭堂吃饭，一顿2元左右，出去下馆子，还是比较奢侈的。但是与以前相比，课外生活可是丰富了不少。对追求美丽的女生来说，不多的生活费中还得省出一笔钱来买护肤品、买衣服，韩流的兴起也让酷帅的男星海报入驻宿舍。而对于男生来说，金庸热让不少人对"刀光剑影"的武侠生活向往不已，不过不再仅限于小说，网吧成为追捧的场所；当然，在网吧除了看电视剧和电影，相当多的人是为了打几盘CS（反恐精英）过过瘾，电脑网络游戏已经掺入到大学生的生活，因为打游戏而"挂科"的同学，那可不是小数目啊。

90后大学生，标签变为"高消费""爱旅行"和"网络生活"。到了这一代，肉眼可见的物质生活大为改观。中国有句老话叫"再穷不能穷孩子"，孩子考上大学了，要钱给钱，要物给物。生活费从"几十元"涨为"上千元"，新生入学带的行李箱，高品质物件取代了实用型物品，带着MP3播放器、手机、电脑等"装备"入学已经不足为奇。吃饭不再是吃得饱，要吃得好、吃得健康、吃得舒适。周末约上三两好友，逛商场、看电影，吃喝玩乐，青春洋溢的身影在大学周边的购物商城里、在繁华的街道上随处可见。穿衣服变得更加讲究起来，大学校园随处可见打扮时尚的学生，其中不乏各种名牌的LOGO引人瞩目。90后大学生的生活可不止于校园，更渴望诗与远方。他们喜欢出门"穷游"，旅游可以增长很多见识，养成独立的品性，感触到书本上看不到的东西。互联网的快速发展颠覆了大学生的休闲娱乐生活，宽带费、流量费成为每个月的固定支出，网络购物替代了商场购物，校门口、宿舍楼下的快递永远是堆积如山，QQ、微博、微信等网络社交是他们最喜欢的沟通方式。

出生在千禧年以后的 00 后，现在也正逐渐迈入大学的校门，而不少 70 后已经成为他们的爸爸妈妈。毫无疑问，00 后大学生的生活状态和消费观已经又不同于 90 后，个性与时尚成为他们的标签，消费减少了盲从性，更倾向自由自在的生活。对于 00 后一些大学男生来说，饭可以少吃，新衣服可以不买，但电子产品一定要最高端的配置；而对于女生来说，这个选项可能要换成美妆护肤品。在生活费更为宽裕的条件下，他们更注重个人的生活品质。与此同时，更多的 00 后大学生也显示出更强的自我独立性，相比前辈，经济独立、选择独立在他们心中具有更重要的地位。理财观念的变化更加明显，"钱靠赚而不靠攒"成为普遍性共识，"用自己赚的钱买自己想要的东西，心里不会有负担，赚钱就是为了花钱，一想到这个，就完全闲不下来"。00 后更喜欢"做自己"，商品是一种彰显自我的符号象征，思想自由、消费自由在这一代人身上淋漓尽致地体现出来。

◎ 大学生消费的三个"转变"

新中国成立 70 年来，随着生活水平的不断提高，大学生消费发生了巨大的变化，这种变化既是经济发展的折射，也是洞察大学生生活变迁的"镜子"。大学生作为社会的特殊消费人群，其消费能力、消费选择的变化反映了中国社会生活变化的方方面面。从 70 后大学生到 00 后大学生，消费内容在不断变化，生活方式在不断变化。从消费结构来看，至少有以下三个变化特征：

（1）从温饱型消费向发展型消费转变。70后大学生消费支出中大部分主要用于衣、食及基本学习消费——消费构成以生活支出和学习支出为主，满足情感和归属需要的交往消费与满足自我发展需要、表现自我价值的发展消费比重小。而这种趋势随着年代的更替逐渐呈现相反的变化，尤其是到了90后、00后大学生，他们充分享受到改革开放以来经济发展释放的红利，消费往往侧重于人际交往和自我发展，正如当代大多数居民消费群体一样，已经告别了温饱型消费。面临日益严峻的就业形势，为加强自身竞争力，增加自身的人力资本投资，培训支出和形象消费日渐增多。

（2）从单一化消费向多元化消费转变。70后大学生的消费支出相对于90后、00后来说，消费的需求受制于购买力，消费的供给也有限，消费结构简单、单一化，主要是围绕生存需要的温饱型消费。而到了00后这一代，由于物质条件充裕，消费品琳琅满目，再加上崇尚个性张扬，消费向多元化方向发展。以前对于70后来说，曾经"奢侈"的大事，如寒暑假的出国游、在读期间购买汽车、炒股等大额消费，出现在了当今大学生的消费之中，呈现出消费社会化倾向。从消费方式上看，与以往实体店传统消费手段相比，如今网络消费日益成为大学生的流行消费方式。花呗、借呗等信用消费、超前消费，普遍被当代大学生所接受。消费市场的繁荣发展也容易带来从众、攀比风气，花钱不仅仅是为了生存需要，"月光族""负翁族"屡见不鲜，这与消费目的的多样化共同构成了消费结构的复杂化。

（3）从均质化消费向层次化消费转变。大学生缺乏经济来源，其消费差异反映的多是家庭经济状况的差异。70后大学生尽管存在家庭收入差距，但普遍不大，所以大学生的消费结构基本上是均质化的，差异不大。如参加计算机培训这种人力资本消费，参加与否，跟大学生家庭经济状况关系不大。而到了00后大学生，由于地域差异、家庭差异，其消费行为上呈现出较大的差异性，出现了十分明显的层次化特征。旅游消费、出国交流、人力资本消费等高层次消费，体现了大学生消费能力的分化。家庭条件好的大学生相比条件一般的学生而言，高价值商品消费多，旅游次数多，出境旅游多，对于提升自身竞争力的人力资本投资，如出国留学、读研选择，机会也可能更多。追求名牌商品的符号价值来表达自我与构建身份的趋势也逐渐上升，这种差异化成为当代大学生消费的常态。

◎ 消费之变背后的影响因素

大学生消费的变化折射出中国经济社会生活的变化，可以从经济、制度、文化三个方面来分析影响他们消费变化的因素。

（1）经济收入因素。社会居民收入普遍增长是大学生消费不断多元化的根本原因。随着经济的发展，居民生活水平日益提高，生存消费的比重不断降低，而享受消费和发展消费的比重日益提高，消费结构不断优化升级。大学生消费主要依赖于家庭收入，居民收入的增长、恩格尔系数的不断下降是促成大学生消费多元的重要动力。而收入差距的存在导致了大学生消费分层。社会收入结构层次化发展，必然导致消费结构的分层。

（2）制度政策因素。大学教育制度的改革对大学生消费主体产生了很大影响。1997年中国大学初步扩招，1999年大学开始大规模扩招，高等教育从精英化步入大众化，大学生就业形势发生了根本性的变化。70后大学生毕业后基本上是计划分配工作，然而随着高校扩招，大学生人数成倍增加，大学毕业生与用人单位的双向选择，局部领域和地区出现了供过于求或结构性错配的局面。激烈的就业市场竞争，促进在校大学生不得不将更多的支出和精力用在各种能力培训上。到了00后大学生，面对严峻的就业形势，为了在就业市场中脱颖而出，在读期间不断加强人力资本投资，提升自己的专业技能和其他就业才能，但由于家庭经济条件差异，这种支出呈现分化的特征。

（3）文化观念因素。消费观念很大程度上决定了一个人的消费选择和消费模式。当代大学生受到西方消费文化的熏陶，其消费选择受到了很大的影响。消费主义首先是一种价值观念和生活方式。消费欲望在刺激中被制造出来，这使得大学生中出现了"负债族"，超前消费、透支消费现象逐渐显现。

其次，商品的符号象征意义使得当代大学生消费的目的主要不在于满足实际的生存需要，而是表征自我存在和进行身份构建。消费主义的盛行也带来了无限的欲望需求，正因为这样，在大学校园里要倡导更加健康和可持续的消费观。

从马卫红的账本可以窥见大学生的消费，接下来，我们再从消费出发，梳理和探究生活、学习和青春。

✒ 大学消费中的生活、学习与青春

◎ 生活之变

自从中国 1977 年恢复高考以来，时间一晃已经过去 40 多个年头，对于现在的 00 后大学生而言，他们的老师和长辈也曾经度过为理想拼搏、为青春高歌的美好大学时光，而那些时光与现在的相比又是那么的不一样，岁月的积淀，折射时代的变迁。对 70 后大学生来说，那时的大学含金量很高，大家都满怀着对未来的憧憬和无限希望踏进了这个社会眼中的"象牙塔"。与现在相比，那个年代物质的相对匮乏并没有减损大学生活一丝一毫的快乐。

逼仄的几平方米小房间，摆放着几个上下铺小铁床，狭窄的床中间放着一张桌子，上面是用来学习的，桌子下还有抽屉供各自摆放物品，暖水壶、水盆之类紧紧挨着摆放在一起，这就是那个年代大学宿舍的真实写照。小小的宿舍，似乎转个身都能碰到，人与人之间的距离也被拉近，缺少娱乐

70后的大学宿舍：
拉上床围子，就是一方小
天地

80后的大学宿舍：
网游是宿舍里重要的娱乐
活动

90后的大学宿舍：
每天都有帮同学收快递的
任务

设施的年代，专业学习更加认真，舍友间少了沉默、多了交流，其乐融融。

90 后、00 后大学生的宿舍宽敞明亮，上下铺的铁床也大多换成了上床下桌的设计，有独立的衣柜、置物柜甚至卫浴，暖水壶被饮水机取代，大多数宿舍还配备了洗衣机和空调，宿舍的面貌和 70 后大学生的相比焕然一新，舒适、方便成为当代大学宿舍的标签。独立、宽敞的空间也让他们的个性得到施展，风格迥异的墙纸，各式各样的"宿舍神器"，宿舍不仅仅是温暖的港湾，更是表达自我的场所。

说了住，再来说说吃。吃得饱、吃得好、吃自己想吃的，是大学生重要的"民生"话题。20 世纪 80 年代，物资还相对匮乏，居民生活条件普遍不高，大学生作为国家人才的后备军，饮食方面有了基本保障，吃得已经相当不错了。食堂能够提供蔬菜、鸡蛋和部分肉类，考虑到南北方饮食差异，米饭和面食也都是有的。到了饭点，大家熙熙攘攘地带上自己的餐具奔赴食堂排队打饭，当时食堂普遍不提供餐盘，要么自己准备，要么入学时每人发了两个搪瓷饭盆，上面印着红色的"×××大学"，还有编号，以防拿错。到重要节庆日，有心的食堂会组织会餐，就是免费餐，会餐也为不少寝室提供了聚餐交流的机会，大家一起把饭菜打回寝室，也是乐趣多多。

到了 90 年代，随着生活水平的提高，大学食堂的花样越来越多，除了按照食物种类分，还有提供不同的菜系，如川菜、粤菜、湘菜等，来自五湖四海的大学生也能吃到家乡的味道。

营养搭配、膳食均衡成了食堂餐饮设计的首要目标。

现在跟以前相比，到饭点学生也不用急匆匆赶赴食堂怕错过吃饭时间，因为很多大学生食堂部分窗口全天候供应；外卖行业的兴起，也让大学生足不出户，想吃什么就点什么——当然了，外卖还是尽量少吃，毕竟外卖可以吃一辈子，而大学饭堂，你只能吃这四年。如果说 70 后大学生忧虑的是"今天能吃什么"，那么 00 后们则愁的是"今天想吃什么"。

再说说行。从两条腿到两个轮子再到四个轮子，从自行车到汽车再到火车、地铁、飞机，在过去的几十年里，中国人的出行方式发生了惊人的变化。大学生作为接受新事物的特殊群体，也身体力行地经历着出行方式的变迁。"凤凰牌"自行车应该是 70 后大学生的美好回忆，那个时候汽车很少，公交车线路不够多，如果要去个稍微远的地方，光靠两条腿是不够的，自行车就成了最好的选择。宿舍楼下停放着排列整齐、密密麻麻的自行车。后来，城市交通体系建设越来越完善，公交路线四通八达，不少城市都有地铁，外出使用自行车的概率也下降了。如今，大学校园里随处可见停放的"共享单车""共享助力车"，三三两两的大学生骑着自行车穿梭在校园，成为大学校园里一道独特的风景线。

◎ 学习之变

对 70 后大学生来说，受到国家包分配政策的影响，不存在那么大的就业压力，当然了，就业的可选择面也窄。

八九十年代的中国是一个知识急剧传播、文化剧烈碰撞的时期，对于那个时代的年轻人来说，改变狭窄精神生活的渴望，要远远大于改变物质生活的冲动，珍惜学习机会，不虚度光阴，渴望多学知识、多长本领，成为80、90年代校园生活的主旋律。

图书馆和自习室的位置总是很紧张，大家一大早就去排队，有限的教学资源使得走廊和树林也成了紧俏的学习场所。每天晨曦刚露，校园里到处都是同学们朗读外语的身影。诗歌是他们传达感情、表达自我的重要文化载体，舒婷、顾城等朦胧诗人的作品在校园非常受欢迎。学校成立了各种诗社，大家以诗会友。受到教学条件的限制，大学设置的课程与现在相比也少得多，他们对知识保持饥渴状态，有着强烈的学习意识和动力，刻苦、努力搞好专业学习是一种常态。发售辅助资料时，大家都争先恐后地一大早排队购买。

时光匆匆，铁打的营盘流水的兵，一届一届大学生毕业，从同一个大学校园，走向各领域工作岗位，走向祖国的四面八方。改变的是生活学习的外部条件，不变的是年轻的人和求知的心。

2018年，第一代00后进入大学学习。得益于互联网技术的迅猛发展，他们从出生开始就被各种信息所围绕，是典型的数字一代，网络改变了他们的生活、娱乐和学习方式，电子产品的消费，成了几乎所有大学生最大头的支出。依托于网络技术支持的学习形式越来越普遍，在线课程、项目式课程、社会化学习成为课堂学习之外的有益补充。他们能够

70 后的大学时光：
论文、复习都离不开图书馆

80 后的大学时光：
食堂菜式丰富多样

90 后的大学时光：
各类社团活动多姿多彩

熟练使用伴随他们成长的新一代媒体技术，更加适应智慧化的学习环境。学生可以利用平板电脑、手机等移动终端随时随地学习，学生的知识来源变得更加广泛，但学习的内容和时间变得越来越碎片化。他们不仅可以从教师、教材中获取知识，而且还可以从网络、各种电子设备中获取，当然，好的东西会被高效接受，不好的东西也会迅速传播。

任何人都不能固化地以他所生活时代的标准，去衡量和评判其他时代的人或事。每一代大学生都有他们专属的岁月印记，即那时的生活、学习和娱乐，那时的人、事和情。我们所要做的，是记录那个时代，感受时空的脉搏，仅此而已。

◎ 光阴勿虚度，青春不辜负

大学校园里总是充满了回忆，在很多人的心目中，那时是最好的青春纪念。十七八岁是懵懂而又开始成熟的年纪，一群志同道合、来自五湖四海的人聚在一起，笑过、哭过、吵过、闹过，一起努力，一起奋斗，一起奔向迷茫又向往的明天，四年的大学青春岁月，仿佛一本写满酸酸甜甜的故事书，"我的大学"仅仅这四个字就能激起无限感慨。回过头来看，相信大部分人共同的感受是——再艰苦的大学生活，也是最美好的人生岁月。

谈到70后大学生的青春回忆，不由得哼唱起那些耳熟能详的民谣，《同桌的你》《睡在我上铺的兄弟》等是90年代大学生的时代专属歌，这些简单质朴的歌词，唱进了每个大学生的心里，这些朗朗上口的曲调，勾起了很多人的回忆。带着探究、打量的眼神下火车，在举着牌子前来接待的学长、学姐的引领下，迈进了大学校园的大门。热心肠的学长学姐，介绍着学校的各种设施，或许会告诉你一些校园的"潜规则"和院系的"小窍门"，令你惊奇不已又暗暗咂舌。来往的校园人群，新生似乎一眼就能辨别出来，陌生又略带青涩，叽叽喳喳又不时驻步观望，满眼写着好奇与兴奋。军训的日子或许是大学里最单纯的时光，没有让人头疼的考试，什么也不懂，啥也不关心，大家穿着一样的军训服，在烈日下挥汗如雨。军训快结束时跟教官拍的合影照，很多人都认不出自己，因为统一的军训服，黝黑的面庞和一样的姿势，已分不清你我他。

相比现在各种各样的护肤品，当时的女生切几片黄瓜当面膜敷，已经感觉足够良好；宿舍里谁买了一件新衣服，一寝室的人都要轮流试穿，换穿衣服也很正常。在手机还是奢侈物品的年代，看小说、听音乐成为最大的娱乐活动，邓丽君、周慧敏、朱茵、梁咏琪是无数男生心中的女神，海报纷纷贴在床头，装扮着属于自己的那份领地。

恋爱，给青春岁月带来了无限甜蜜与酸楚。自习室、池塘边、林荫下，见证了无数人的初恋与失恋。简单而纯粹的时光里，年轻又懵懂的年纪里，两情相悦，只与喜欢相关，与其他无关；它是含蓄而又热烈的，它是矜持而又奔放的。或许当年的那个人未能与你相伴一生，但你们走过共同的青春岁月，在最美好的时间，最美好的年纪，最美好的地点，跟最美的你，在一起。友情，未必如爱情般浓烈，但更绵长，更悠远；对很多人来说，大学的同窗，可能是一生最好的朋友。每当毕业季来临的时候，不舍的青葱岁月，离别的兄弟姐妹，让无数人依依不舍，真挚的情感，让人不禁洒下热泪。当你踏上月台，未来或许充满荆棘，也或许铺满鲜花，从此要一个人走，能做的只有送上深深的祝福。

转眼间00后已经踏上了大学征程，大学青春在他们身上再次活跃起来，物质的充裕、学习条件的改善，让他们的大学青春岁月呈现出更多的千姿百态。自由、个性、潮流是他们的普遍标签。新生入学，大家最感兴趣的就是各式各样的社团，如动漫社、摄影、环保、吉他社等五花八门的社团，无疑是他们绽放自我、释放激情的平台之一，志同道合的小伙伴们聚在一起谈天说地、参加活动。

社交，不再局限于面对面地交友，互联网让天南地北的人可以在网上相识，网络也拉近了人与人、心与心的距离。奔放、自由的恋爱是00后大学生的普遍追求，绝大多数大学生都把"谈一场不分手的恋爱"列为大学必做的事之一。不考虑物质，不再接受父母亲人的安排，勇敢地追求自己的所爱，才不辜负他们的张扬青春。年年岁岁花相似，岁岁年年人不同，每当毕业季来临，校园里随处可见拍毕业照的学生，穿着学士服、小礼服、西装，以院系、班级、寝室为小组，一起留下五彩斑斓的校园回忆，为即将来临的离别减少一丝伤感，也为马上开启的新的人生征程留下存照。

老账本里的进城记忆

郭秀妮的账本故事

✐ "我一定要留下来"——郭秀妮的账本故事

◎ **爸爸衣服：15 元**

本部分账本故事的主人公叫郭秀妮（四朵），1972 年生于山东一个普通的农村家庭，在家中五姐妹中排行第四。四朵告诉我们，在计划经济的年代，村里家家户户都很穷困，买菜需要菜票，买肉需要肉票，扯布做衣裳还需要布票，哪怕再精打细算，也只能在温饱线挣扎，今天丰富多彩的物质生活是当年的人们无法想象的。

打从四朵记事起，父母就有记账的习惯。当年父亲的工作虽是令人羡慕的"铁饭碗"，挣工资吃国家粮，但是那个年代的工资实在太低，要赡养奶奶姥姥，保证家里七口人的吃穿用，那些钱全是父亲一分一毫省出来的，每月整个家庭除吃饭外的生活费仅仅 10 元左右。偌大的家庭一直是母亲在打理，里里外外地忙活，要是遇上生病或其他什么事，只能东借西凑，一个坎一个坎地迈过去。

当年农村里的环境不太好，而农村人一直听说城里人生活灿烂多彩，农村的年轻人更是都有一个入城的梦，四朵也不例外。或许是出于对未来的美好向往，又或许是出于对父亲严厉的不理解，不到20岁的四朵背起简单的行囊，只身一人来到威海——这座充满青春与活力的城市。初入城市的四朵彷徨不安，与大多数慕名前来的奋斗者一样，她找了一份薪水低且艰苦的工作，生活过得步履蹒跚。由农村到城市独自生活，衣食住行样样都需要花销，四朵渐渐开始将每一笔收支都清晰地记录下来。

最早记账的时候是随手记的，有的时候是本子，有的时候却只是单页纸，保存下来最早的是一本软皮小褶子本，后来工作变动、数次搬家，很多记录现在已经很难找到了。泛黄的纸张记录着四朵从农村到城里生活的轨迹，最初书写着的多是面食、油盐酱醋、蔬菜水果等生活必需品，随着生活条件的改善，账本内容也渐渐发生变化。这是四朵个人成长的青春记忆，更是时代变迁的独特记录。

翻开这一页褶皱的纸张，上面清晰地记录着"爸爸衣服15元"。四朵回忆道，后来工作逐渐稳定下来，也慢慢适应了城里的生活，与此同时，母亲却担心自己与家里渐行渐远，特别是与父亲的关系越来越远。在四朵的记忆中，父亲是严厉的、偏心的，似乎从来没有掏心掏肺地对她说过鼓励肯定的话。年少的我们或许总是读不懂父母的言行，看不见他们为了这个家打拼时的隐忍，不理解他们背后的辛酸。15

元，这是当时四朵余下仅有的一些生活费，她特意为父亲挑选了一件灰色带条纹的 T 恤衫。四朵清晰地记得将这件礼物带回家时，父亲看似冷脸地说了一句"闲的，就知道乱花钱！买这些没用的东西"，然而父亲的嘴角却抑制不住地微微上扬……后来，每当在城里看到好看的衣裳物品，哪怕自己再省吃俭用，四朵都想为家里的父母姐妹带上一份，这或许也是许多在外打拼的年轻人最大的成就与快乐了。

20 世纪 90 年代，中国城镇化的浪潮兴起，在短短 20 多年间，中国城镇化率从 1990 年时的 25.84% 提高到 2018 年年底时的 59.58%，而这种趋势仍在继续……在此期间，有无数人怀揣着梦想与愿景，离开农村那个熟悉的家乡，走向一座座陌生的城市。这些城市似乎都有着一种魔力，让一代代的年轻人都为之向往，这些奋斗者们的初衷或许很简单，希望能在偌大的城市留下属于自己的印记。"留下来"，成为许多人心目中华丽转身的蜕变。

从农村到城市的背后，是不为人知的辛酸苦楚，抑或是不负韶华的柳暗花明。翻开眼前这一本本泛黄的老账本，仿佛看到当年那位心怀梦想的少女，迈入城里，寻觅幸福，在 21 世纪到来之际，一步步地走向成熟、奔向未来。入城那些年的账本中，不仅有为柴米油盐担忧的苦闷生活，更多的还是自食其力、青春无悔的成长记忆，以及对亲人家乡的甜蜜牵挂。我们细细研读这些弥足珍贵的记账笔记，如同走进了一户普通人家的世界，聆听了她过往的那些事——从农村走进城里，扎根城里的独家记忆。

◎ 婚事"大支出"

每一个远离故土、入城打拼的年轻人，或许一开始都是在艰难摸索、孤独前行，然而两个孤独的人相遇，往往能温暖彼此，给予支撑对方前行的勇气和信念。1996年，经媒人牵线，四朵与阿牛相遇相爱。翻开恋爱时写下的账目，四朵依然记忆犹新。她自己是一个大大咧咧的人，平时工作忙碌，吃饭就会随意应付，甚至经常会空着肚子不吃饭，阿牛却非拉着她去吃拉面，哪怕加班再晚再累，也不能疏于照顾身体。礼尚往来，四朵也会邀请阿牛去吃饭，账面上的生活费支出明显比以前要多了。"阿牛找的媳妇太省钱了，几碗拉面就搞定了。"说起那些年与爱人的过往，四朵不禁笑了起来。

20世纪90年代，姑娘和小伙子们在二十四五岁就结婚，那些留在农村老家的同学朋友们还会早一些结婚，这个岁数有很多已经当爸爸妈妈了。一开始，四朵并不想那么早结婚。然而，阿牛是家里的长子，长辈们着急得很，得知两人在一起一段时间后，便每隔几天就到相距百里的四朵家商议婚事，希望"年前就把媳妇将到家"（当地方言，"将媳妇"即"娶媳妇"）。

在老家定婚期"送日子"的那天，公公提着聘礼来到四朵家中，里面有面、有油、有肉等，在四朵的账本上还清晰地记着当年彩礼金2800元，并注明"全交家里"。同时，其

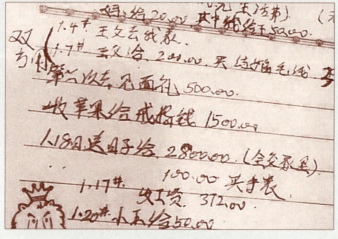

账本里的生活点滴，日子就这样悄悄过去

再看到账本里给家人的礼物，满是温情的回忆

订婚期「送日子」的收支明细，记录着最初的幸福

中记录着一笔笔不小的收支,收戒指钱 1500 元、买手表 100 元、给见面礼 500 元等。在当年每月 372 元的工资水平下,四朵回想到,虽然这些看似是大笔支出,但这种结婚开销在当时不算高,与今天的天价彩礼更不可同日而语,但是翻开一笔笔婚期开销日记,她不禁感叹自己"这么便宜地嫁了"……

1997 年 1 月 25 日,香港回归祖国的当年,四朵与阿牛在老家登记结婚。当时阿牛是城里户口的正式工,四朵仍是老家户口的临时工,因此只能回老家登记结婚。当年大家结婚都是为了一起"过日子",再加上距离婚宴的日子没剩几天,两人也没有特意准备,只是采购了一些必备的新衣裳和结婚用品。从登记后几天的账本记录可以看到,四朵和阿牛为自己置办了当时最贵的服装。两人从西装套裙、胸衣内裤到鞋子、领巾领带等,里里外外一共花了 997 元。此外还买了镜子、洗面慕斯等奢侈品。

当年的 2 月 4 日,是两人大喜的日子。四朵和阿牛穿上准备好的婚服,在亲朋好友的见证下,正式携手走进婚姻的殿堂。在往后的日子里,他们历经风雨、相互扶持,一起在城市中打拼出属于两人的美好和幸福。

◎ 买保险,买安心

威海,是座不大不小的城市,但要在其中立足却着实不易。四朵或许没有多大的雄心壮志要闯出一番大天地,她想要的和许多人一样,在这个城市有属于自己的一个家,能过得自如舒适足矣。然而，生活不总是一帆风顺的，在1996年前，四朵只是一个没有城市户口的外来务工人员，高强度的工作、极低的薪资、不确定的未来，任何一样似乎都能磨灭她曾经的青春斗志。所幸的是，在最迷茫窘迫的那一年，四朵遇见了阿牛，有了相互间的陪伴支持，生活中还能苦中作乐、惺惺相惜。后来，四朵的工作渐渐稳定下来，这一干就是15年。

1997年12月26日，四朵的账本上出现了一笔特殊的支出——保险。20世纪90年代，商业保险才刚刚兴起，当年做保险的环境可比今天艰难得多，在只有两三百元工资的年代，动辄几十上百元的保费，人们除了舍不得，更多的是不愿意，大多数人都是不理解和不认同的，认为保险都是骗人的把戏。

拿着手上第一份保险的收据，四朵若有所思地回想道，20多年来经常有人会说她的意识太超前、太有远见，竟提前买了这么划算的保险，但很少有人会知道她当年背后为生活所迫的无奈。结婚后，有着"铁饭碗"的丈夫阿牛，不仅收入高，以后退休后还有退休金，万一生病住院了还有公费医疗。这让四朵感到了莫名的压力，作为临时工，每月工资才372元，平时钱挣得少，退休后没有保障，万一不舒服生病了甚至会拖垮整个家庭。一想到这些，当年的四朵便终日惶惶不安，不敢休息也不敢生病，担心被丈夫嫌弃、突然失业下岗，最终一无所有。

为了防患于未然，为了在生活的暴风雨来临之时能维持起码的生活和尊严，四朵不顾丈夫的反对，坚持用自己四分

四朵人生的第一份保单

中保人寿保险有限公司
The People's Insurance (Life) Company of China, Ltd.

保险费收据

收费日期 97 年 12 月 26 日

保险号码 ____ 保险名称 ____
投保人 ____ 缴费方式 月交 (10年)
保费 ¥ 53.74
利息 ¥ ____
预缴保费 ¥ ____ （预缴月份 年 月至 年 月）
人民币合计（大写）伍拾叁元柒角柒分 ¥ 53.74
业务员 ____ 代码 1273 收款员 ____ 保险公司签章

成了一个纳税人

税收入款收据 4 No: ____

执收单位名称 土地
执收单位编码 12504

项目名称 单位 数量 收费标准 金额
13.00
6.00

终于在城里扎下了根

中国建设银行个人贷款还款凭证

2006年 6 月 30 日
贷款种类：中长期个人住房贷款 交易号：

0537070610847613417 9 借款人 王春光b

____号 开户银行

（人民币）伍佰伍拾伍元肆角肆分 小写金额 555

2006.06.30
现金 0.00

还款明细

555.44 违约金 06
0.00
555.44 贷款余额 0.00 银行签章

会计主管 记账 006

之一的工资购买了人生第一份商业保险，每月 53.74 元的保费，今天看可能觉得非常少，但这已经占了他们家里月收入的 8%。今天人们的保险观念和意识已经比 20 多年前强多了，保险成为了许多家庭一笔固定而不少的支出，甚至还成为亲友互赠礼品的一种选择。年轻或许是最大的资本，当年很多身强力壮的青年人或许都会觉得退休、疾病离自己很遥远，但四朵很早就意识到保障好自己的重要性，平时哪怕自己多节省一些，都要给自己和家人多一些安心和未来生活上的保障。

◎ 买房才算扎根

2010 年，因竞争激烈、身体健康等种种原因，四朵被迫进入失业大军的队伍。人生固然有得有失。当时正是家里孩子成长的叛逆期，青春年少的中学生朝气蓬勃却又无畏无惧，做起了小吃生意的四朵，有了更多可供自由安排的时间，陪伴孩子一起走过了他的青葱岁月、感受着他的苦恼烦闷。待孩子上大学后，机缘巧合下，四朵进入一家世界五百强企业做客服工作。由于起步晚、年龄大、不熟悉电脑操作，刚开始工作的四朵感到手忙脚乱。然而，凭借着多年积累下来的经验和阅历，四朵起早贪黑地补习专业知识，学习工作所需的各类技能，最终很快便适应了这份工作，并取得了一些不错的成绩。

在城市扎根，为了安居乐业，买房子这件事就必须做。中国人对房子似乎都有着一种特殊的情结，拥有一套属于自己的房子，更是无数从农村走向城市的奋斗者们的目标。要想在这座城市扎根落脚，除了靠勤奋不懈，更要打破思维、敢拼敢冲。20世纪八九十年代，双职工夫妻可以享受福利分房，当时四朵还是临时工，是不符合分房政策的，更别提排不排得上号的问题。为此四朵只能加倍努力地工作，争取早日转正、分上房子。21世纪初的房改，打破了许多等候福利分房的人们的美梦，随后商业地产兴起，越来越多人买房，房价也越来越高，"现在不买以后更买不起了"。

在采访的时候，四朵拿出整齐的单据：税收18元、保证金1500元、每月还款555.44元，看着上面特殊的记事备注，她心中感慨万千。买房家里是帮不上忙的，只能全靠夫妻俩自己。当年丈夫阿牛还想等政策调整，盼望着曾经的福利分房，同时一点一滴地存钱，希望以后能买上一套小蜗居。但是，面对日益飞涨的房价和不变的工资，要买上房谈何容易？当年还有一种办法，就是贷款买房，这在外面的大城市已经逐渐流行起来，但无论在威海这座小城还是农村老家，都是要被人耻笑的。四朵深思熟虑、反复权衡后，说服了丈夫阿牛，成为当时最早贷款买房的人。"要不是我的坚持，你还买不上自己的房子呢！"后来四朵还经常打趣地和阿牛说。

找担保人、开证明、找机关单位盖章、走审批流程……四朵夫妻俩前前后后跑了很多地方，办了很多手续，终于顺利申请了贷款，买下了一套60平方米的房子，成为了当时令人艳羡的房屋产权所有者。对四朵而言，婚后第五年拥有属于夫妻俩的一个温馨的家，这才是真真正正地在这座城市站稳脚跟了。

经济飞速发展，社会日新月异，四朵的账本上记录的已不再满满的都是柴米油盐，保险、房屋、电视机、电冰箱、洗衣机、空调、小汽车等各类新字眼映入眼帘。冷冰冰的数字的背后，是一个想在城里扎根落脚的普通人的生活轨迹，更是那个年代记忆中的时代缩影。

从农村进入城市，是过去几十年几亿中国人的共同记忆。城市化（更准确地说是城镇化）是一个地区工业化进程的必然体现，说得更加通俗一点：工业化是人的工作从农业（如种地放牧养鱼等）转向非农行业（如制造业和服务业等），城市化是人的生活从农村居住形态和生活方式（例如独门独户，村落散居，宗族集聚，日出而作，日落而息，自给自足率高）转向城市居住形态和生活方式（楼宇集中居住，陌生人社会，朝九晚五的上班模式，社会高度分工）。40 多年来，中国的城市化改变了亿万人的命运，是世界城市发展史的鸿篇巨制。

本部分账本故事的主人公四朵，就是中国城市化这个"历史洪流"中的"一滴水"，洞察四朵进城账本中的点滴故事，可以折射城市化背景下每个独立奋斗个体的生活变迁。四朵的账本故事里提到了给爸爸买衣服、结婚、买保险、买房这四件事，接下来我们从这四件事出发，讲讲在百姓生活中，孝敬长辈、婚礼和彩礼、买保险和按揭买房这些"大小事"。

20世纪七八十年代，子女看望老人，送去米面、蔬果等表达孝心

20世纪90年代，随着人们生活水平提高，给老人家送礼物也是精挑细选

现在，带老人去旅行或者给老人家报旅行团外出旅游，成为不少人表示孝心的方式

从"送什么"到"陪你过"
——长辈"礼物"的变迁史

◎ 送东西，有门道

账本故事里，四朵进城工作后，尽管当时对父亲有些不满，但还是利用节省的生活费，给父亲买了一件15元的T恤衫。相信每一个读者都有类似经历：给长辈买东西表孝心。但买什么送什么，对即将回家的你来说，可不是小事，而新中国成立70年来给长辈送东西的过程，也大有"门道"。

中国是礼仪之邦，尊老敬贤是自古以来的传统美德。孟子曰："养老尊贤，俊杰在位，则有庆"，自古至今孝敬长辈都是国人百年不变的美德。作为年轻的子女们，似乎光有孝心还不够，世俗的标准还要求我们必须有孝行，于是送出一份满载着祝福的礼物便成为孝行最好的代表。礼物不在于多寡、贵贱，而在于情。送礼，就是送情。一份小小的礼物，其背后蕴含的是子女晚辈浓浓的祝福，是不能长伴身旁的愧疚，礼物的变迁史也是家庭风风雨雨的变迁史，折射出新中国成立70年来经济生活和心理诉求翻天覆地的大变化。

新中国成立初期，物质匮乏，吃饱穿暖也就成了那个时代人们最大的心愿。节衣缩食、省吃俭用成为当时社会的普遍现象，尤其是过惯了苦日子的老人家，更是舍不得花钱。逢年过节走亲戚，收到子女送来的一点白面、几尺布，都能撑起一整年，送礼送的是吃得饱一点、穿得暖一点。随着改革开放后市场经济的不断繁荣发展，老百姓的日子逐渐好起来了，亲朋好友间相互送礼不再那么拘谨，糖果、饮料等休闲类食物多了起来，对于老人和长辈们来说，小心撕开大白兔奶糖的包装纸，一整年都是甜滋滋的。

进入 21 世纪，人们愈发强调"口福""享受生活"，送礼的选择也是五花八门。这时候送东西开始讲究，送的是品质。食物不再是解馋、管饱，而是健康、营养，衣服不再是蔽体穿暖，而是时尚好看。子女给老人脱下厚重的棉服换上轻便的羽绒服，日子过得有滋有味。紧接着，科技改善了人们的生活，各式各样的家电成为送礼的时兴物品，液晶电视、冰箱、空调等硬装备让老百姓的生活变得更快乐、更舒适、更便利。对于老人来说，健康就是反馈给子女最好的礼物。市场上各式各样的保健品竞相登场，电视上各种广告吸引着子女的孝心，"今年过节不收礼，收礼还收 ×××"成为当时中国家喻户晓的一句广告语。家庭条件好的，子女还给老人报旅行团，给有点乏闷的晚年生活带来更多乐趣，弥补年轻时没时间、没金钱出去走走看看，领略美好风光的遗憾。

◎ 陪伴，才是最好的礼物

现在的老人，很多并不缺物质层面的东西，而是缺精神层面的东西——陪伴。陪他们说说话，聊聊天，在老家多住几天，一起买个菜，散散步。中国有句古话叫"百善孝为先"，这个"孝"到底是什么？有人说他每个月都给父母几千块的

老账本里的进城记忆

生活费，他很孝顺；也有人说他让父母住上了豪宅，生活无忧，他尽孝了；还有人说他给父母最好的生活，出入都有保姆全程陪护。可父母真的需要这些吗？有首老歌唱得好"常回家看看，回家看看"，其实对父母来说，陪伴就是最好的礼物。辛苦忙碌了一辈子，生活条件好起来了，也不缺吃用，需求转向精神层面，膝下承欢、合家团圆成为这个快节奏时代父母最大的期许。

每当回家看望的时候，都能看到父母那两鬓的白发又多了些，脸庞眼角的皱纹又悄悄地多了几条，岁月是无情的，对老人来说，陪伴子女的日子便是与时间赛跑。可是，在外拼搏的年轻人要么是没时间，要么就是觉得日子还长嫌弃父母唠叨，容易造成"子欲养而亲不待"的令人追悔的局面。央视之前有则公益广告引起了人们的热议，一位老太太做了一大桌子的菜，满心欢喜地等待子女回来吃团圆饭，结果子女一个个相继打来电话，有说跟朋友吃饭的、在公司加班的、陪孩子看电影的，都说来不了了，随着一个个电话的挂断，老人脸上的神色愈发沉重，一个人孤零零地坐在沙发上，叹着气落寞地说，"忙，都忙"。父母是体谅子女，不会无理取闹，理解每个人的难处，可作为子女也应该明白，对父母最好的尽孝就是陪伴。送再昂贵的礼物，也比不上抽点时间陪陪父母，一句简单的问候、一个温暖的拥抱、一次充满爱的回家团聚，哪怕只是简单的吃饭都是父母心中所期盼的。

◎ 以己所表，送人所需

中国人讲究孝心和孝行，给长辈送东西一直以来是最为直接和常用的方式，送出的礼物承载的是人与人之间美好的祝福。特别是每逢过年过节，礼物更是普遍存在，礼物的特殊地位使其带上了时代的特征和烙印。一代人有一代人的记忆，一代人也有一代人的时代特征，而这种时代特征从礼物中可以看出明显区别。礼物变化的背后反映出的是不同的时代诉求，折射出的是中国人的生活变迁。改革开放前的送礼，以食物为主，因为当时生产力落后，物资匮乏，送礼送的是温饱的祝愿。而到改革开放以后，物质逐渐丰富，大家都能吃饱饭了，物质需求逐渐扩大，送礼一般选择平时消费不起的物品。随着老百姓生活水平的进一步提高，吃饱穿暖不再是人们的主要需求，而是转变为对品质、时尚方面的追求，生活水平的快速提高带来的是礼品价值的不断提升。送礼从物质到品位，表现出的是中国人"从物质形态到意识形态"的转变，经济基础决定上层建筑，当生活富裕起来，人们的思想也开始转变为追求"时尚健康有品位"。各种定制类服务业的快速发展，也让礼物满足不同人群的个性需求，送礼真正实现以己所表，送人所需。

马斯洛层次需求理论，讲的是人们有了一定物质的基础，才会去追求精神上的独立，去追求很多在生理需求以外的需求。在需求金字塔底端是生理需求，指的是食物、水等身体方面的需求；向上一层是安全需求，指的是身体安全和经济安全，避免身心伤害；再向上则是归属和爱的需求。从给老人送礼物再到给老人送陪伴，就是从物质需求到精神需求的层层递进。一般来说，一个国家多数人的层次需求结构，是同这个国家的经济发展水平、科技发展水平、文化和人民受教育的程度直接相关的。在发展中国家或地区，生理需求和安全需求占主导的人数比例较大，而高级需求占主导的人数比例较小。在发达国家或地区，则刚好相反。中国人对"送礼"需求的变化，正是映射出了中国经济发展和百姓生活提升的变迁历程。

✐ 彩礼和婚礼

人情往来是中国人的传统，也是联络感情和维系交往的重要方式。说到中国人的人情往来，结婚、生孩子、考上大学、过节过寿等各类好事喜事的红包，就不可避免地被"接受"和"送出"，这些项目支出理所当然地被我们的账本所记录。在这其中，结婚应该算是影响力最大的喜事，与之相关的彩礼，既是个人话题，也是双方家庭的问题，甚至是一个重要的社会议题。在四朵的账本故事里，2800元的彩礼金在当时也不算多，四朵为此开玩笑地感叹"自己这么便宜地嫁了"。

接下来，我们就顺着四朵的账本故事，说说关于彩礼和婚礼的那些事儿。

传统的中国人认为，男大当婚，女大当嫁。离开家乡的年轻人在城里打拼，相遇相爱，走进婚姻的殿堂，既是两个心在温暖彼此，而组建家庭也增强了立足城市的能力和保障。在前文的账本故事里，四朵和阿牛结婚，关于婚礼和彩礼的记录，很具体很朴实，打开了一扇中国式彩礼和婚礼的窗户。

◎ 彩礼：从"三转一响"到"有车有房"

"洞房花烛夜"被视为人生四大美事之一，中国人重视婚嫁的程度由此可见一斑。婚礼和彩礼作为婚姻操办中的两项重要习俗和内容，经过时代的变迁，见证了老百姓生活和思想观念翻天覆地的变化。彩礼最早可以追溯到西周的六礼制度，在古代，彩礼是订婚的礼仪，并且以政府认可婚姻事实（律法）的形式确定了它的地位，实现了礼法结合。近现代以来，彩礼和包办婚姻一同被视为封建残余，从国家法律层面消失，但却仍然以婚俗形式通行于民间，且各地区有着自己独特的彩礼仪式和标准。

改革开放以前，社会物质普遍匮乏，也受到新社会新气象的环境影响，男女婚姻一切从简，几件衣服、一块手表便是彩礼的高规格了，甚至很多地方和家庭不要彩礼。改革开放以后，随着物质的极大丰富和人民生活水平的快速提高，无论是从名目内容还是数量金额来看，结婚的彩礼都发生了巨大的变化。20世纪70年代到80年代初，彩礼一般是人们说的结婚"四大件"，即"三转一响"，指的是手表、自行车、缝纫机和收音机，"三转一响"成为当时城镇家庭幸福的象征，也是城镇女性择偶和婚配的标准。而到80年代中后期，电子时代的到来极大地丰富和改善了每个家庭的家居生活，老"四

20世纪六七十年代的军人结婚照，把毛主席像章别在胸前，成为时代印记

20世纪80年代的结婚照，人们衣着注意整洁朴素简单

20世纪90年代以来，西式婚纱摄影走入寻常百姓家

大件"再也无法满足人们对美好生活的追求，取而代之的是新"四大件"：黑白电视机、电冰箱、洗衣机、录音机。到90年代，彩色电视机、洗衣机、冰箱、空调以及各种各样新生事物如家用电话、电脑、微波炉逐渐进入彩礼的清单，此外还会相应地加上一定数额的彩礼钱，一些富裕地区还兴起了买房子、车子。而很多农村地区，也开始流行"三金"，即金项链、金耳环、金戒指。

进入 21 世纪之后，老百姓的物质生活继续提高，同时对文化生活的需求也不断增多，过往的"四大件"已经无法体现如今生活的丰富多彩。彩礼按照地区、家庭条件区分，已经没有一个统一的标准。一些经济富裕地区，彩礼名目越来越繁多，花样迭出，诸如"三金一响"，即金镯子、金戒指、金项链和小轿车；"三斤三两"，即三斤三两百元大钞，约 13.6 万元。在很多农村，"有车有房"已经是结婚的最低标准。令人感叹的是，不少地区频繁出现的"天价彩礼"现象，攀比之风使得结婚成为不少人的负担，也严重扭曲了正常的婚姻观，甚至让喜事变成了悲剧。当然，随着观念的转变，有些地区也自发遏制高价彩礼，结婚结的是感情，组的是家庭，不是金钱和排场。

◎ 婚礼：从"一桌饭菜"到"一场婚宴"

婚礼作为人生最重要的日子之一，承载了一辈子最美好的记忆和亲朋好友的祝愿。在旧中国，父母包办式婚姻扼杀了妇女的婚姻选择权。新中国成立后，女性地位快速提升，毛泽东的"妇女能顶半边天"这句话，既是对女性社会地位的肯定，更意味着妇女在婚配中的自主权。70年来，中国的性别平等事业稳步发展，在这个主题下，中国人的婚礼也发生了巨大的变化。改革开放前，受物质和时代的制约，婚礼一切从简，一本红色的结婚证书、一张黑白的身穿军装的结婚照，简单置办一些生活必需品，亲戚朋友吃个饭，就算是结婚了。婚礼过程虽然简单，但朴实的祝福一样让人终生难忘。进入20世纪80年代，彩色摄影开始走进了人们的生活，给单调的结婚照添上一抹喜悦的颜色。婚礼也开始热闹起来，结婚礼金逐渐兴起，婚礼的场面和仪式变得隆重，亲朋好友通过参与婚礼共同分享新人喜结连理的幸福。到90年代，越来越多的年轻人开始接受西方的婚俗文化，选择举办西式婚礼。精美的妆容、洁白的婚纱、帅气的西装，蛋糕、红酒、巧克力糖果等新潮的食物，一起组成了婚礼靓丽的风景。参加婚礼的宾客，除了会送礼金，有的还会选择送香水、化妆品等多种多样的替代礼品。

进入21世纪，人们的观念随着生活水平的提高越来越前卫，婚礼不仅是一种仪式，而且是表达年轻人想法的承载体，婚礼的形式多种多样、五花八门。西式婚礼成为当下婚俗的主流，但形式上，很多年轻人另辟蹊径，如选择举办海底婚礼，在美丽的大海见证下，两人步入婚姻的殿堂。此外，具有复古气息的"汉服婚礼""唐装婚礼"也流行起来，还有如"周制婚礼""唐制婚礼"和"明制婚礼"。专注于婚庆的公司也应运而生。婚礼不一定非得要热闹喧嚣，也可能是安静庄重的，在亲朋好友的见证下，完成典雅质朴的华夏婚礼，保留了中国传统婚礼特色。除了婚礼的形式多种多样，其内容也发生了很大的变化，婚宴上的菜肴琳琅满目且很多采取自助形式，礼金从攀比越多越有面子转变成零礼金。喜酒还是要喝的，但对新郎新娘的美好祝愿才是"酒"的真谛，这样的婚礼更加有仪式感、幸福感。

◎ 回归祝福这个初心

纵观 70 年来中国彩礼和婚礼的变迁史，不难发现，它经历一个从简到繁、再从繁到简，从少到多、再从多到少的变化过程。贫困时期物质匮乏，决定了婚嫁一切从简，毕竟，巧妇也难为无米之炊。随着生活的改善，彩礼和婚礼有了物质条件，花费跟着水涨船高，但过高的花费很快成为一种经济上的负担，以至于有人戏称"脱贫不易，小康更难；喜结良缘，毁于一旦"，"儿子娶媳妇，爹娘脱层皮"。彩礼和婚礼本身是一种传统民俗，是双方建立新家庭的见证，也是亲朋好友团聚，一起送上美好祝福的场合。然而，盲目的攀比心理，使得很多人认为彩礼要得越多，给得越多，就证明女儿或儿子越金贵，也就越有面子。婚礼铺张浪费的现象更是不胜枚举。对宾客来说，从前收到结婚请帖乐呵呵，现在收到请帖，却要为越来越高的份子钱发愁。彩礼和婚礼的初心是祝福，当一些所谓习俗和"风气"脱离了这个初心，就要反思这样的行为是否合理，就要反思要不要主动抵制这种不良风气。

婚喜事，莫虚荣；高彩礼，伤感情。婚俗是民俗，更是一个社会价值观的直接体现。要培育和弘扬社会主义核心价值观，就要从舆论上和具体实践上引导良好的社会风气。习近平总书记在十八届中央政治局第十三次集体学习时强调："一种价值观要真正发挥作用，必须融入社会生活，让人们在实践中感知它、领悟它。要注意把我们所提倡的与人们日常生活紧密联系起来，在落细、落小、落实上下功夫。"盲目跟风、攀比心理、漫天加价彩礼、婚礼讲排场、大搞铺张浪费，甚至还有过度闹新郎、闹新娘的恶俗（部分恶俗涉嫌违法），都与婚嫁习俗本身的出发点——送上祝福的初心，背道而驰，这是非常没必要和不应该的。婚礼和彩礼最终还是要回到祝福这个初心，只有不忘初心，方能得始终。随着民众心理的不断矫正和日趋理性，不少地区采取零礼金、零彩礼的婚庆方式，淡化彩礼彰显身份、利益交换的色彩，彩礼少了，婚礼简单了，祝福却越来越浓了。

买保险就是买保障

老百姓的账本上，每月总有一些固定支出，除了一些实物支出外，保险就是一种常见的服务支出。账本主人公四朵从20世纪90年代后期开始购买商业保险，一张张保费收据，是账本主人对未来保障的期许，更是保险进入寻常百姓家的印记。

◎ 对保险的接触、认知和接受

保险作为一种防范风险、提供保障的舶来品，被中国老百姓接触、认知及接受，经历了一个不算短暂的过程。最初，各类保险受老百姓的认可不高，很多人存在许多误区，提到人寿或健康保险，认为"我很健康，不需要买保险"。由于很多老百姓对自身风险认识不足，加上对部分商业保险营销模式的不认可，往往认为买保险就是"浪费钱"，身体好没必要，有财产在不需要。殊不知，生活中，风险无处不在；市场中，不确定性无处不在。在原有的国家和单位保障体系发生改变的条件下，不少人依然抱着侥幸心理，感觉意外发生轮不到自己，还不如拿买保险的钱做投资，可一旦灾难来临，却又束手无策。每个人的保障都应该是立体式、多层次的，国家救助和兜底应该是最后一道防线，各种商业保险理应成为人们日常风险应对的重要方式。

保险支出应是账本里的"常客"，但目前中国的保险市场发展还相对滞后。从需求方看，影响中国老百姓保险意识的强弱及接受程度的因素主要有以下几个：

（1）社会生产力水平的高低决定了保险意识的强弱。社会生产力的进步提高了人类的生活水平，也带来许多新的风险。如医疗技术的进步，能治好复杂的疾病，也可能让老百姓承受着负担不起医疗费用的风险，若有医疗或健康类保险，则会大大缓解就医压力。社会生产力的发展可以激发人们的保险意识，因为发展可能带来更大的不确定性，从而增大保

老账本里的进城记忆

险需求。新中国成立 70 年来，中国生产力水平得到了很大的提高，但与发达国家相比还是存在不少差距，对市场风险意识认知还不够，而保险意识的形成是一个长期的过程。

（2）社会传统文化对民众风险和保障意识的影响。中国的传统文化一直以儒家文化为主流，宗族意识和大家庭观念较强，实际上宗族和家庭也一直是中国人抗风险的重要防线。在农村，这几乎是唯一的抗风险屏障，有宗亲这道防线在，市场化商业保险的地位自然会下降。儒家思想倡导的是忍让、和谐、驯服、规范，在此影响下，人们倾向于循规蹈矩，对家的经济依赖高于对市场机制的信任，从而弱化了风险观念。

（3）经济制度影响民众对保险的看法。在计划经济体制下，国家对城镇职工从头到脚、从生到死承担全部保障责任，尽管这种保障水平也不高，但职工没有必要再花钱为自己购买保险。保险意识和保险行业是在市场经济条件下诞生的，改革开放初期，国家推行有计划的商品经济，人们保险意识加强，却找不到合适的保险市场和保险服务供给者。直到市场经济体制逐步形成后，社会保障制度的改革以及保险市场的兴起，才让人们大大地提高了保险意识。

可以预计，随着市场经济和市场意识的不断发育并成熟，原有的保障理念和模式分解和淡化，各类保险会越来越被老百姓接受并深入社会生活的方方面面，其风险保障和长期储蓄的本质，使得它的经济"减震器"、社会"稳定器"的作用不断凸显。

◎ 保险背后的经济学和统计学

购买保险本质上就是为了规避风险，因为我们的生活中充满了不确定性，火灾、洪灾、地震、身体状况、财产损失……而风险就是描述不确定性的一种科学概念，不知道出现什么结果，但是每种结果都有一定的概率。人一般根据风险耐受程度分为三种：风险爱好者、风险中立者和风险规避者。而大部分人都是厌恶风险的，规避的主要办法就是"购买保险"。

那么，在什么情况下，人会买保险，应该买多少呢？我们做个简化的分析。

人拥有财产是为了获得效用，财产的效用和商品效用一样存在边际效用递减的规律，就是说，随着财富（钱）越来越多，新增加一块钱，对人们来说，效用就越小。这是个基本前提。

举个例子，假设有个厌恶风险的运动员，他知道长期运动会损坏肌腱，受伤概率为 0.5，手术费用为 2 万元，而他年收入为 5 万元。对他来说，1 万元的效用为 20，2 万元的效用为 28，3 万元的效用为 35，4 万元的效用为 40，5 万元的效用为 44。如果他不买保险，发生意外，年收入剩 3 万元，不发生，是 5 万元，每种概率 0.5，则他的预期收入为 4 万元，若这 4 万元能拿到手，则效用为 40。

问题在于，现实中有风险，4 万元是理想平均水平，可能发生意外，就只有 3 万元。不确定的 4 万元效用为：$35 \times 0.5 + 44 \times 0.5 = 39.5$，若对应为收入是 3.7 万元，这 0.3 万元的差距就是不确定风险。若购买保险费用是 1 万元，发生意外

小时候住在低矮的瓦房里，成为儿时深刻的印象

过去城里人住的筒子楼，常需要在过道里做饭

后来，住房条件虽然大大改善，但是房价昂贵，想让一家老少住得宽敞，还是一个家庭最沉重的经济负担

后获赔 2 万元，他的预期收入也是 4 万元，但是这 4 万元是确定收入，效用也确定为 40，大于不购买保险的效用。也就是说，当购买保险效用大于不购买时，买保险是一种理性的经济人行为，而保险费用的临界点则在于保险费用花费之后的效用与不买保险的效用相等，在这个例子中，39.5 效用的保险费对应为 1.3 万元，若保险费用超出，则没有必要购买。

这就是保险背后的经济学道理。

◎ 保险，对个人和家庭的价值真不小

不论从个体角度还是从国家角度，保险的价值和作用都是巨大的。

从人一生可能遇到的风险和困难来看，主要有五个方面需要保险的保障（需要申明的是，本书并不是劝大家都去买保险，只是说明保险的保障作用，当前很多非消费型保险已经是一种投资产品，大家须根据自身需要去选购）：

（1）老有所养——保险确保晚年人生安享无忧。从社会发展的维度看，养儿防老在传统观念变革、人口老龄化加剧、经济形势严峻的状况下，显然已经不再适用。

（2）病有所医——保险让百姓生病看得起，生活不打折。有病不敢医，或者一场重病拖垮一个家庭的情况在中国并不少见，购买保险能加强医疗保障的能力。

（3）爱有所继——保险是让亲情、大爱得以延续的保证。地震等自然灾害带来的损失不可估量，一旦有人发生不测，

保险能减少损失，让生者得以从物质上取得保障，让爱继续传递下去。

（4）幼有所护——保险可为孩子的教育规划及成长保驾护航。教育是治国之本，养育好一个孩子花费不少，从小为孩子购买保险，也是为幼儿的成长、教育保驾护航。

（5）财有所护——保险让财产所有者在意外发生后能得到一定的事后救济。保险人按保险合同的约定，对所承保的财产及其有关利益因自然灾害或意外事故造成的损失，承担赔偿责任的保险，从而避免了人们因不确定性而"倾家荡产"。

险种的多样性，确保了老百姓面对不同风险，也都具有防御力和抵抗力。当意外来临，不会带来太大的经济压力和生活负担。适当设计保险规划，是为自己未来事业发展的保驾护航，更是对家人的承诺和保障。保险是每个人和每个家庭的重要护身符之一，它带给我们的可能不是"锦上添花"，而是"雪中送炭"。

✐ 买房！买房！买房！

自古以来，对绝大多数中国人而言，房产都是最重要的财产。房产，是附着在一定面积土地上的建筑物，这个建筑物及承载它的土地，是世界上最重要的不动产。它是人类文明的结晶和载体，人类在这里生产、繁衍、发展，创造美好未来。

对生活在今天的多数人而言，平生最大的单笔开支应该就是购房支出了，此项支出是大多数家庭账本里最大的一笔开支。对账本故事里的四朵家而言，当然也不例外。虽然为了买房，倾尽了所有，但买到房子后，那种在城市扎根立足的感觉，那种所有付出都值得的欣慰感，又是无比的幸福和快乐。账本故事里的四朵体会到了，你可能也体会到了，或者未来再体会到。

◎ 从分房到买房——20世纪的记忆

"安居乐业"自古以来便是中国人的美好向往，房子对老百姓来说不仅是遮风避雨，而且是归属感、安全感的重要来源。在农村，千百年来，都是在本村所在土地上自建房。从新中国成立初期到20世纪末，中国城镇普遍实施"统一管理，统一分配，以租养房"的公有住房实物分配制度。城镇居民住房由单位解决，当时的住房是一种福利，要么是分配，要么是低租金租房。这种制度在当时较低水平的消费层次上，较好地满足了职工的基本住房需求。但是，由于住房供给不足，福利分房制度逐渐暴露出许多问题。1978年中央提出了房改的问题，中国住房制度走上了改革发展之路。从20世纪70年代末开始，市场上提供的商品房在一些地区出现，但数量有限，并不是当时城镇居民获得住房的主要方式。

1992年邓小平南方谈话提出要发展市场经济，中共十四大正式提出建立社会主义市场经济体制的目标。为了落实党中央的精神，一系列经济改革政策和措施开始部署并落实，住房的商品化改革被提上日程。1998 年 7 月，国务院发出《国务院关于进一步深化城镇住房制度改革加快住房建设的通知》，要求 1998 年下半年开始停止住房实物分配，逐步实行住房分配货币化。对老百姓来说，一觉醒来，商品房便已呈燎原之势。住房单位不管了，得自己花钱买；钱不够，银行求着借款给你。许多普通家庭，赶集似的奔赴于各路房展会，生怕错过一条购房信息。"买房了吗？"成为人们交谈时的热络话题。从分房到买房，商品房市场的蓬勃发展使得无数人乘上了改革开放房改的顺风车，"安得广厦千万间"成为现实。

◎ 从借钱到贷款——道理何在

进入 21 世纪后，中国长期渴望改善居住条件的意愿被释放。商品房的出现，掀起了老百姓的买房热潮，房子要用钱买，条件越好的房子，价钱越贵，不少人砸锅卖铁甚至借钱也要买属于自己的"家"。然而，不是所有的人都有那么多钱，也不是所有的人都能借到钱。在巨量购房需求的刺激下，商品房的价格不断上涨。房价的居高不下，使得很多人"望房兴叹"。

没有钱，跟亲戚朋友也借不到钱，就真的买不了房了吗？

当然不是！银行贷款按揭政策的出现，提供了买房的另一种途径，由此开始，中国住房购买开始了从借钱买房到贷款购房的转变。但这个转变过程并不是一蹴而就的，中国人长期受到儒家文化的熏陶，认为借贷和收取利息是一种有悖纲常的行为。传统观点认为，要靠自我储蓄积攒，或靠血缘网络内部来互通有无，所以买房钱不够，首先想到的是向亲朋好友求助和借钱。这貌似合情合理，但在市场经济条件下，这其实并不是最优选择，更容易导致许多问题。

从操作层面来看，你借了亲朋好友的钱，对方要回钱款具有不确定性，若对方急用钱而你又无法还钱时，不仅耽误了对方的事情，亲朋好友的感情维系也将困难重重。而且，也正是因为这种不确定性，因为它与银行借贷每月定时缴纳贷款不同，当对方不急要时，反而培养出等待"免费午餐""搭便车"的精神。现在大多数年轻人买房资金不够，就掏空父母的积蓄，父母到退休时却无法给自己提供更好的养老保障，若向银行贷款，每月靠自己的劳动按揭还款，情况则会大大改善，这同时也逼着年轻人自食其力。

从经济学的角度看，年轻人贷款买房的必然性更加明确和清晰。一般的收入和消费曲线显示，越是年轻人越需要花费、花钱，年龄大了以后越不需要花钱。两条线放在一起我们会看到矛盾所在，年轻的时候最没钱但是最需要花钱，例如刚参加工作，收入不高，但要结婚买房和生孩子；老了以后最有钱但是最不想花钱，这两者带来的矛盾是任何一个消费者、任何一个家庭普遍面临的困局。这个困局如何解决？就是通过金融市场（如提供购房贷款），让年轻人在最需要钱的时候，在收入最低的时候，能够把未来高收入的一部分转移到年轻的时候，从而使其在当下也可以消费（买到合适的住房）。

当然，有人会质疑，买房按揭贷款，给年轻人带来了月供压力。压力是客观存在的，这也能迫使年轻人努力工作。最重要的是，这也让其父母（或其他亲戚）留住了养老钱，年老后有自尊的财产基础，可以理直气壮，不需要看子女的脸面。年轻人也可以选择自己喜欢的方式生活，不用非得受父母（或其他亲戚）对自己花钱的监管和约束。一句话：按揭贷款（一种金融方式），给了双方更大的自由度。

◎ 住房背后的制度之变

住房是人类最基本的需求之一，也是关系国计民生的重大经济问题和社会问题。为解决城镇住房问题，中国结合时代要求推行了诸多住房制度改革。在新中国成立之初，受计划经济影响，实行公有住房分配制度。改革开放之后，开启了住房制度改革之路。从此之后按时间节点区分，中国住房体制改革可划分为四个阶段：

（1）1978—1993 年：住房实物分配制度改革阶段。由于福利分房制度逐渐暴露出的问题以及住房供给不足矛盾的突出，促使政府必须寻求解决途径。1980 年 6 月，中共中央、国务院在批转《全国基本建设工作会议汇报提纲》中正式提出实行住房商品化政策。国家规定，"准许私人建房、私人买房，准许私人拥有自己的住宅"。1981 年，公房出售试点扩展到 23 个省、自治区的 60 多个城市和一部分县镇。1982 年，在总结前两年公房出售试点经验的基础上，实行了补贴售房。1993 年又推出了"以出售公房为重点，售、租、建并举"的新方案。

（2）1994—1998年：住房实物分配向住房市场化改革的过渡阶段。1994年7月国务院下发了《关于深化城镇住房制度改革的决定》，房改的基本内容可以概括为"三改四建"，"改"即改变计划经济体制下的福利性的旧体制，"建"即建立与社会主义市场经济体制相适应的新的住房制度。1998年7月3日发布的《国务院关于进一步深化城镇住房制度改革加快住房建设的通知》，开始停止住房实物分配，逐步实行住房分配货币化。

（3）1999—2004年：住房市场化全面推行阶段。为进一步改善居民消费，拉动住房建设，2003年国务院发布《国务院关于进一步深化城镇住房制度改革加快住房建设的通知》，提出要"增加普通商品住房供应"，同时将经济适用房的性质重新定位为"是具有保障性质的政策性商品住房"。这一阶段将大多数家庭的住房需求推向了市场，实现了中国住房市场化的根本转变。由此开始，中国的房地产市场开始了新一轮迅猛发展，房地产业在国民经济中的地位不断提升。

（4）2005年至今：房地产市场调控阶段。房地产业的快速发展带来了过高的房价，也引发了一系列社会问题，百姓买房贵、住房难问题越来越突出，政府开始加强宏观调控。为了对房价上涨过快的问题加以全局性的调控，2005年3月，国务院办公厅发出《关于切实稳定住房价格的通知》，就稳定房价提出八条意见。随后，中国不断出台各种调控措施，进一步紧缩"银根""地根",改进和规范经济适用住房制度，逐步改善其他住房困难群体的居住条件，完善配套政策和工作机制。

2017 年党的十九大报告进一步明确提出，坚持房子是用来住的、不是用来炒的定位，加快建立多主体供给、多渠道保障、租购并举的住房制度，让全体人民住有所居。此后通过多项政策和举措，着力构建房地产市场健康发展的长效机制，因城施策、分类指导，夯实城市政府主体责任，完善住房市场体系和住房保障体系。

账本中的生娃、养娃与教娃

—— 曾雨寒的账本故事

✍ 优生优育不简单——曾老师的账本故事

结婚后，生儿育女，养育他长大，送他上学上课外班，是大多数人都会经历的过程。本部分账本故事的主人公叫曾雨寒，她 1985 年生于湖南郴州的一个普通农民家庭，2008 年大学毕业后来到广州，一直从事出版行业，目前是一家老牌出版社的图书编辑。在社里，同事和作者一般称呼她为"曾老师"。曾老师现在是两个女宝宝的妈妈，大宝 2019 年刚满 7 岁，下半年上小学二年级；二宝刚满 1 岁不久。谈起两个可爱的女儿，说起养育孩子的那些事，为人父母者，似乎都有说不完的话，曾老师也一样。

◎ 婚后速当妈，生养花费多

2011 年秋，曾老师和与自己相恋一年多的男朋友登记结婚。当时丈夫刚刚博士毕业，进入一所学校就职不久，曾老师自己也没多少积蓄，在很多人的眼中，他们相当于是裸婚，即一无所有就结婚。没有婚纱照，没有蜜月旅行，在老家简单喝了喜酒，把丈夫单位的周转房收拾下，就算是有"窝"了。"当时就是认准他了"，曾老师回想起来说，哪怕仪式再简陋，在拿到"红本本"的时候，两人还是会感到紧张、兴奋却又无比幸福。

婚后不久，曾老师发现自己怀孕了。当她把这个好消息告诉自己的先生时，准爸爸的第一反应是惊讶，接着是惊喜，这个小天使来得太突然了！曾老师与丈夫原计划是完成最基本的物质积累（有自己的房子）后再要孩子。突如其来的小生命，彻底打乱了这对年轻夫妻的所有计划。"既来之，则安之"，万事都有解决的办法。冷静下来之后，两口子开始估算生产育儿的基本开销，商量着接下来的几个月，除了日常支出和产检费用，其他地方都得缩减开支了。

开源节流才是硬道理。孕期的头三个月，曾老师出现了先兆性流产的症状，不得不在家休养，由母亲和婆婆轮流照顾，而丈夫可以更安心、更卖力地去"赚奶粉钱"。2012 年 8 月，曾老师的大宝在广州市海珠区妇幼保健院顺利出生，重 3.1 千克，是一个健康可爱的女宝宝。因为曾老师是顺产，住的是多人病房，所以生产费用相对便宜，加上打无痛分娩针和催产针的费用，总计花了 5000 元。

曾老师就职的单位是国企，人力资源部那边给曾老师买了生育保险，所以产检、生产的费用部分可以报销，给这对年轻夫妻减少了不少经济上的压力。孩子出生后，曾老师在家坐月子，全靠家里老人家"轮番上阵"，自己也从刚开始的手忙脚乱，到后来的驾轻就熟。"能省一些是一些"，曾老师回想时说，当时根本没想到要去月子中心，去的话价格也是非常高昂，还是舍不得。后来生二宝的时候家中经济条件稍好一些，请上了一位月嫂，老人家也不必那么操劳了，不过40天16600元的月嫂开支，也不是一笔小数目。

养孩子是个体力活，更是个技术活。如何用有限的钱，给孩子更加优质的生活，曾老师也是绞尽脑汁。3岁之前，大女儿的着装以网购舒服的棉质衣服为主，夏天的衣服比较便宜，趁大商场打折的时候，曾老师也会给女儿买几件漂亮的公主裙。女儿现在还记得，自己3岁生日那天，妈妈带她去商场买了一件爱莎公主的裙子，还配上了皇冠、项链和耳环（总计花费898元）。爱美是女孩子的天性，曾老师印象深刻，这条裙子，女儿很是爱惜，到重要的场合才舍得拿出来穿。后来长高了，实在穿不了，女儿还恋恋不舍地把裙子交给妈妈，说以后留给妹妹穿。曾老师粗略统计了一下女儿每年买衣服的开销，春夏装1500元左右，秋冬的衣服贵点，至少需要2000元。

玩具开销这块，曾老师也是以网购为主，多是买一些益智的玩具。幼儿小件玩具价格都很实惠，一般都不超过100元。稍微贵一点的就是给孩子购买的乐高玩具系列，一个普通的乐高"房子"或公主"睡房"就得400多元。不过这样的玩具，比较实用，孩子和大人可以一起玩很久，也可以拓展孩子的创造能力和空间想象力。还有每月邮购的巧虎系列玩具，女

奶粉和玩具是有了孩子后不可避免的开销

Nutrilon 诺优能 荷兰原装进口 幼儿配方奶...
数量: 1

¥800.00

申请售后　加购物车

木玩世家 EB015 摇摇马 积木拼插健身玩具
数量: 1

¥199.00

快乐的童年离不开游玩，而景区一般都会有不菲的消费

【一票通玩 免打印 即订即用】香港　　　　¥745
海洋公园2大1小家庭套票

2018-02-08 ~ 2018-02-28 内 可以使用

数量1

再来一单

□ 酒店　　　　　　　　　　　　　　　　已离店

香港龙堡国际酒店　　　　　　　　　¥2140.95

孩子喜欢读书，家长无条件支持

14只老鼠系列（套装共6册·第1辑）
数量: 1　系列: 14只老鼠（第一辑）

¥66.20

申请售后　加购物车

巴巴爸爸经典图画故事 诞生篇(套装全5册)
数量: 1　系列: 巴巴爸爸（1-5册 诞生篇）

¥48.00

儿也很喜欢，每年大概需要支出 2500 元。当然，婴儿手推车、会走后用的溜溜车、儿童自行车等耐用品，每件开销也都近千元。

最后是买奶粉，这是最重要的日常刚性支出。大女儿从四个月大的时候开始吃奶粉。为了给女儿找到合适的奶粉，曾老师购买了七八种奶粉的试用装来试用。最终选中了荷兰产的一种奶粉，价格大概 200 元一罐，为此，曾老师还特地找了熟人去荷兰代购。后来得知大型电商平台上卖的奶粉也值得信赖，曾老师就毫不犹豫地选择了网购。女儿 3 岁前一个月四罐奶粉，费用 800 元;3 岁后，一个月两罐，费用 400 元，一直喝到 5 岁。尿不湿也是与奶粉类似的日常消耗品，但用得不多，孩子一岁半后，尿不湿就基本没有"用武之地"了。

仅不完全统计的以上三方面开支，每年大概需要两万元，对于刚参加工作的工薪一族而言，也是一笔不少的费用!

◎ 快乐童年要游玩

除了吃喝穿用这些日常性开支，家中有娃后就还有另一项重要支出——游玩。大女儿 3 岁以后，几乎每个寒暑假，曾老师都会带她外出游玩。当然，出游的目的地大都是孩子们喜欢的，例如各种主题乐园和动物园。带娃去玩，费用是比较清晰的：一是机票、高铁票、出租车等交通费用，二是景点或游乐场的门票支出，三是吃喝住宿的消费，四是游玩时购物的花费。

2017 年寒假和 2018 年寒假，曾老师全家两次去香港游玩，目标很明确：迪士尼乐园和海洋公园。因为第一次去了这些地方后，大女儿很喜欢，还想再去，所以到了第二年母女俩约好，大女儿如果在幼儿园各方面表现棒棒的，就可以再去第二次，大女儿为此非常上心和认真，快到寒假的时候，变得异常听话，吃饭也加快了很多，晚上早睡，早晨早起。幼儿园一放假，大女儿就跟曾老师说，要按约定再去香港迪士尼乐园和海洋公园。于是全家又去了一次，第一次是曾老师带她，跟邻居小朋友一起去的，第二次是全家出动。每次孩子都不知疲倦，玩得十分开心，大人们陪着，反而累得要命。

相比在周边城市游玩的支出，两次去香港游玩的支出是很大的。首先是香港的住宿特别贵，主题乐园内部酒店的住宿更贵，里面的设计很适合小朋友住，大女儿非常喜欢，但每晚的房费基本都在 2000 元左右，这是在香港游玩支出的重头戏；其次是门票也不便宜，特别是全家出动，好几个大人一起去，门票加起来也有近千元；最后，每次在景区多多少少都会给孩子买些礼物或纪念品，虽然东西不多，但因为价格很高，这个花费也是很"可观"的。曾老师和丈夫都是工薪阶层，花这个钱的时候当然相当心疼，不过看到女儿"如此享受游玩的过程，也是值了！"曾老师特意补充道。

除了寒暑假外，周末或传统节假日，曾老师会有计划地或即兴地带大女儿去武汉、上海、桂林、青岛、厦门、珠海、东莞、中山等省内外城市游玩，这也是大人们放松的机会，花费主要是交通费和住宿费。考虑到女儿晕车，远足游玩的次数大概可以用"偶尔"来形容。曾老师又解释说，幼儿园的时候基本没有作业，出去游玩很轻松，是带孩子多出去走走的好时机，但上了小学后，有作业要做，有任务要完成，有兴趣班要参加，游玩时间明显减少。

◎ 上幼儿园，也不容易

说起大女儿几年前上幼儿园的事情，曾老师仍记忆犹新。大宝是2012年龙年出生，在那年出生的"龙宝宝"特别多。到了上幼儿园的时候，本来就紧张的公办幼儿园学位，自然严重不足了。2014年的时候，广州由于公办幼儿园学位不足，实行了电脑摇号派位政策。到2015年，家有幼儿园学龄孩子的家长们，早早地研究了电脑摇号的各种攻略，那个阵势绝对不亚于高考填报志愿的情景。

曾老师一家也不例外，丈夫详细认真分析了学校的位置、招生规模、家长评价等信息。到了网上填报那天，快速地进入系统填报，生怕网络会有一丝一毫的耽搁。一位有高学历的教授，一个资深编辑，睁大眼睛，一起仔仔细细地核对每一项报名信息，神情高度紧张，生怕出错，如此情景，曾老师想起来仍不禁笑了笑。

到5月中旬正式公布结果那天，小两口心情忐忑地打开电脑查看情况，结果大失所望：填报的两所公立幼儿园都没有录取，有一个竟然是300:1的报录比！失望之余，夫妻俩在各自安抚了对方的心情之后，决定去找其他不参加公开摇号的公办幼儿园再问问。正好有家部队幼儿园在丈夫单位附近，这样丈夫上班的时候，就可以顺路把女儿带过去，距离曾老师上班的地方也不远。

很幸运的是，这家部队幼儿园还剩下仅有的一个学位，大女儿得以顺利报名，因为是单位内部的幼儿园，没有地方财政支持，非本单位职工要交 3 万元的"赞助费"。带大女儿去看过幼儿园宽敞干净的环境之后，大女儿马上便喜欢上了这所幼儿园的老师们，曾老师也是毫不犹豫地刷卡交了钱。开学之后，平均每月大概还需要交 1400 元左右的保育费和伙食费，包括早中晚三餐，这个收费还算合理。如此下来，从 2015 年至 2018 年，大女儿三年上幼儿园的费用加上入园的"赞助费"，总计有 7 万多。如果去民办幼儿园，虽然不用交"赞助费"，但每月的各种费用加起来也有 2600 元左右，三年算下来，总费用相差不大。由此可见，当时如果谁家中了公办幼儿园的号，无疑就是中了一个万元大奖，至少能节省几万块钱哪！

◎ 女儿是个小书虫

曾老师自己是做图书编辑的，职业敏感度让她很有意识地培养孩子的阅读习惯。如何选择一本优质的儿童书？曾老师也有自己的"独门秘方"：一是自己先浏览、阅读书中的内容，保证孩子远离低俗化的不良童书。二是根据各类信息进行判断，优选口碑好、获奖多、受欢迎的优秀图书。例如，这本

2015年9月至2018年7月

幼儿园上学缴费记录。

① 赞助费：30000元

② 学费+伙食费：7159元/学期

  7159×6=42954元

---

① 吉乐宝月嫂（七星级）费用（40天）
  16600元（已支付）

② 出生费用，总计3178元。
  其中生育保险报销1779元，
  自付1399元。

③ 坐月子期间生活费用：6300元
  （40天）

---

① 英语外教课、四个学期（含春季、暑期、秋季、寒假）
  费用：7500元）

② 美术班儿童画：9240元（48课时）

③ 中国舞室体班课程：13440元（48节课）

④ 游泳一对一课程：2400元

⑤ 数学室体班课：11320元

大女儿上幼儿园三年的总花费。一般公立幼儿园的费用会少很多

2018年5月，曾老师生下小女儿，因为请了月嫂帮忙照顾，花费涨了很多

大女儿2018年的兴趣班花费

书都获过哪些奖。国内及国际各种获奖儿童图书是优先考虑的，当然父母们之前都需要了解有哪些儿童文学奖，这些奖项偏重于哪些方面，权威的评论家或者书刊对该书的评论怎么样，再有就是这本书的转述版权的情况，比如被多少种语言翻译过，这说明这本书在世界各地被认可和受欢迎的程度，也为这本书内容的价值和含金量，给予了一个间接的评估和参考。

从大女儿一岁开始，曾老师和丈夫就有意识地给孩子讲绘本故事，只要有空就带孩子去逛书店。家中还开辟出一块"读书角"，那是为大女儿布置的专门看书的地方。这一点，作为妈妈的曾老师，还是花了不少心思的，给孩子购买她心仪的书架、台灯、桌椅等，让孩子喜欢待在这片属于自己的小天地。孩子看书，曾老师也拿一本书在旁边陪着看，曾老师一直相信，言传身教才是最好的教育方式。周末的闲暇时光，母女俩常在阅读中度过，让大女儿自由选择感兴趣的书看，大女儿有了看书的乐趣，形成了读书的习惯，带孩子的大人也省事很多。

让曾老师特别欣慰的是，广州有很多图书馆和实体书店，阅读的氛围很浓厚，每次去图书馆或书店，里面的人都是满满的，这也应该是大城市的文化标配。曾老师家附近就有一家书店，里面的部分区域是区图书馆的分馆，各种图书挺多的。图书馆和书店的环境非常不错，清新明亮的装修设计，里面非常安静，很适合阅读。只要有空，曾老师或她先生就会带大女儿去书店待着。书店里面还设有咖啡厅、听读室，大家都在专注地看书，这种适宜阅读的环境对培养孩子读书的兴趣是至关重要的。如果看到自己喜欢或是孩子喜欢的书，即使不打折，曾老师还是会毫不犹豫地买下来。稍微有点缺憾的是，书店的童书种类比较少，所以孩子购书这块，曾老师还是以网购为主。当然了，网购图书，也比实体书店便宜了不少。

曾老师也有购买书单的记录，以 2017 年 1 月至 2018 年 9 月购书清单为例，总计花费是 2664.6 元。这些图书都是大女儿非常喜欢的，大多是系列图书，很多本，可以反复看；当然有的书，需要大人帮忙讲解，图画多的和文字简单的，孩子自己完全可以阅读。现在很多儿童图书配有微信公众号，附载有声阅读，曾老师家的大女儿经常边翻看书，边听公众号的有声阅读，时间一久，没人教她认字，她竟然可以自己阅读，一些常用的文字也都认识了。

曾老师给大女儿在2017年1月至2018年9月间购买的图书

图书名称	册（本）数	消费支出（元）
不一样的卡梅拉	47 册	228.00
神奇校车	10 本	305.00
花格子大象艾玛	10 本	278.00
巴巴爸爸经典故事系列	10 册	95.80
小熊和最好的爸爸	1 本	35.00
小兔波力品格养成系列	11 本	499.00
苏苏和维维历险记	10 本	190.00

说给儿童的中国历史	9 本	144.40
青蛙弗洛格的成长故事	10 本	190.00
大中华寻宝记	25 本	546.00
童话小巴士系列桥梁书	第一辑、第二辑	153.40

◎ 让人纠结的"起跑线"

上完幼儿园，就得上小学了。"望子成龙，望女成凤"，在孩子升学择校的路上，从熟悉政策、了解学校到付诸行动、纠结选择，每一位家长都是"身经百战"、各有心得。不同的父母有着不同的选择标准，有的为便于孩子上学，方便家人接送，会选择就近入读；有的则挤破头也要进名校，不惜斥巨资购买又老又破的学位房，只为求得一个"重点学校"的头衔；有的则费尽心思、多方打探，希望能谋得一个择校的资格，哪怕花再多的赞助费也在所不惜……无论是哪种选择，父母们的初衷都是帮孩子选择一所"好学校"，让其能在其中开心快乐又收获满满地度过六年的学习时光。曾老师一家也是如此。在入读小学前，曾老师与丈夫早已做好"战略部署"并分头行动，一个了解各类学校排行、师资、环境、教育理念等资讯，务求全方位了解招生形势与动态；一个四处奔走、踏遍周边，只为寻得合适的学位房。"妈妈，我想在里面读书，校服可漂亮了！"或许是看到了女儿对家附近小学的向往，抑或是选择进重点小学的成本实在太高，反复权衡后，曾老师还是决定让女儿就近入读。

2018 年 9 月，曾老师的大女儿正式入读小学。刚开始，曾老师想着现在住房对口的小学还过得去，校内学习的内容还比较简单，课余时间再抓紧一点应该就可以了。然而，让曾老师没有想到的是，事情远远没有她想得那么简单。等女儿入学后，曾老师惊讶地发现，班上的很多孩子都已经提前学了各种"衔接班""预科班""强化班"的课程，而自己的女儿完全是一枚"小白"。

最初，曾老师和丈夫推崇的都是快乐教育，所以女儿在 3~6 岁时都是在幼儿园轻轻松松地玩，只学会了一点点数字描红。值得一提的是，2018 年 5 月中旬，曾老师生下了二宝，坐月子、休产假、照顾二宝，可以分给大宝的时间少之又少，当时又正值大宝幼升小的关键适应期，这也让曾老师对大女儿充满了愧疚。所幸，大女儿似乎懂得了妈妈的不易，快速适应了小学的学习和生活：早睡早起、自觉完成学校的作业，让曾老师省了不少心。为了让大女儿跟上学校的学习进度，在她的业余时间，曾老师还是花了不少心思跟女儿一起做课外学习规划，所选择的课程、老师和授课模式，也都是女儿喜欢的。

大女儿每周课外学习安排

	周一	周二	周三	周四	周五	周六	周日
上午						美术	游泳
下午						语文	数学
晚上	英语线上外教课程（每隔一周）				中国舞		

原来养孩子，收入低，成本也比较低，普通家庭一般生养三四个孩子

现在养孩子，从小要上各类兴趣班、辅导班、补习班，生怕孩子"输在起跑线上"，花费大大增加了

教育孩子常常是全家齐上阵，陪读陪玩，不少家庭的父母都很舍得在教育上投入时间、精力、金钱

曾老师记事本里的缴费记录单：英语线上外教课，一年费用大概 7500 元；中国舞实体班课程费用 13440 元（48 课时）；美术课实体班课程费用 9240 元（42 课时）；游泳一对一课程 2400 元（5 个月）；数学实体课费用，一年 11320 元；语文实体课，一年 11320 元。"只有在交女儿学费的时候才是最大方"，曾老师笑着说，一年 5 万多的课外费用，"眼睛眨也不眨地就交了"。然而，一切心思、汗水与金钱的付出，在收到孩子成绩单的时候似乎都是值得的（实践证明，对大多数孩子而言，课外的培优课确实与学习成绩密切相关），2019 年 7 月，大女儿的期末考试成绩出来了，语文 99 分，数学 99.5 分，英语 100 分，与之前相比有了很大的进步，但还得继续努力！曾老师感慨地说，暑假来临，新的培训费用又要续费了……

2015 年党的十八届五中全会决定全面实施一对夫妇可生育两个孩子政策，中国正式进入"二孩"时代，"独生子女"开始成为历史名词。二孩政策放开后，生育率并没有如之前人们预期的那样上涨，不想生、不愿生、不敢生，反而成为一个重要社会话题，这其中的原因是多样和复杂的，但一个共同的体会是：生娃养娃教娃的成本越来越高。我们从上述曾老师家的账本里也明显有这样一个直观感受，其实那些只是财力上的支出，而心力上、精力上和时间上的投入也是巨大的，当然，孩子成长带来的成就感、幸福感和满足感，也蕴含在这个过程中。

✒ 生养成本持续升高

◎ 育儿成本升高，生育意愿降低

伴随经济发展和社会转型，中国人口形势正在发生巨变，人们的生育意愿普遍下降。人口问题再次成为社会普遍关注的大问题。从数量上看，中国人口虽然规模依旧庞大，但快速老龄化和严重少子化的结构性难题突出。对一个国家或民族而言，人口结构出现过快变动，都会导致不平稳、不协调现象，从而影响国家经济结构和社会结构稳定。虽然目前中国二孩出生数量增加和一孩出生数量减少，二者大致相抵，造成总和生育率变化不明显，但在未来，随着生育观念的变化，特别是育儿成本的上升，总和生育率大概率将会持续下降。

上文出现了一个人口学中的专有名词——总和生育率，在此需要解释一下，总和生育率是指一个国家或地区每名妇女育龄期间，平均生育的子女数量。国际上一般认为，总和生育率达 2.1，是一国实现和维持代际更替的基本条件。总和生育率低于 1.5 被称为"低生育率陷阱"，低于 1.3 为"极低生育率"，对人口更替和未来发展不利。21 世纪以来，中国总和生育率在 1.5 至 1.6 之间。二孩政策实施后，原国家卫计委发布的数据显示，2016 年，中国总和生育率提升至 1.7 左右。

计划生育之前是老大带老二、老三满地爬，小孩子不知不觉就长大了

在"只生一个好"的时代，城市里不少独生子女成了家里的"小皇帝""小公主"，从小就被父母送去学习"十八般武艺"

"二孩"时代的来临，妈妈一边要辅导老大做功课，一边还要照顾老二，常常感觉手忙脚乱

1.6~1.7 的总和生育率，依然是不高的。目前优生优育的理念已经深入人心，生了就要好好养，好好养就意味着更多的物质和精神方面的投入。根据原国家卫计委在 2015 年生育意愿调查的结果，因为经济负担、太费精力和无人看护而不愿生育第二个子女的分别占 74.5%、61.1%、60.5%。照料压力、养育成本、女性职业发展，以及追求生活质量等因素，对生育意愿和生育行为的约束不断增强。

调查还显示，育儿成本已经占中国家庭平均收入的近 50%，教育支出是最主要的家庭经济负担。托育服务短缺非常严重，0~3 岁婴幼儿在中国各类托幼机构的入托率仅为 4%，远低于一些发达国家的 50% 的比例。80% 的婴幼儿由祖辈帮忙看护。近年来，大中城市房价攀升，也影响一些家庭的生育决策。一些用人单位担心女性生育二孩提高用人成本，一些地方女性产假、哺乳假等权益落实不到位，都影响着人们的生育意愿。母婴设施缺乏，女性在兼顾家庭和事业发展方面，存在着很多的顾虑。

从政策上看，中央明确提出构建家庭发展支持体系，鼓励按政策生育。一方面，国家积极构建配套的政策体系，完善医疗、托育、教育、社保、税收等相关经济政策，加强妇幼服务体系建设，完善基本生育免费服务制度，加强儿童医疗服务供给。积极开展托育服务，大力推进学前和中小学义务教育均等化，国家还开展相关福利制度的政策研究，完善促进性别平等的政策措施，保障女性就业、休假等合法权益，平衡工作和家庭的关系。另一方面，国家也在大力加强新型人口文化和生育文化的建设，倡导家庭负责任、有计划地生育。每一个家庭都要重视家庭建设，夫妻要共同承担养育子女的责任，不要把责任都推给母亲。国家还要完善相关配套政策，比如加强助产服务、加强妇幼保健能力的建设、加强托育服务，保障女职工生育期间的劳动权益等。

但政策实施的效果一般有 5~10 年的滞后，而在此期间，人们的生育意愿会继续变化。目前 20 世纪 90 年代出生的 90后，已经步入育龄期，而他们的生育意愿，相比 70 后和 80 后，显得更低。

◎ 条件在改善，要求在提升

上述账本中，曾老师和先生的工作，虽然比较忙碌，但还算不上压力巨大或竞争激烈，加之是国企和学校，产假和陪护等政策落实较好，经过犹豫和权衡，他们"勇敢"地生了二宝。但也有很多家庭并非如此，诸多现实压力让他们打消了生二胎的想法。这些现实压力，除了照顾不过来、年龄、工作等因素，一个最重要的原因是，现在养孩子太精细了，"门槛"太高了，养一个勉强可以，养两个的负担还是很重的，会影响往后的生活质量。这也是曾老师十分认同的观点。

在曾老师、笔者以及大多数读者的儿时，养育孩子的成本确实不高，俗话说，不就是多一双筷子吗！在农村，除了吃喝穿用，就是上学的支出，其他什么兴趣班、各种玩具、

曾老师的童年也是在农村奶
奶家度过，那时候的自己真
是无忧无虑啊

农村的水田里，娃娃们随手
一捧，就是一只只可爱的小
蝌蚪，童趣无穷

曾老师小时候体育课考试有
跳绳项目，现在上一年级的
大女儿也是

外出游玩，都是极少的。在城市，也差不多，兴趣班多是在少年宫里学，学费很低廉，顶多是长大一点了，跟父母要钱买些流行的衣服、鞋子、学习用品等物品。

但现在，一切都变了。

首先是婴幼儿托管。目前，由于中国婴幼儿托管行业发展滞后，在3岁上幼儿园之前，很多孩子往往只能在家待着，由老人或家人专门照看，而现在大约80%的婴幼儿都是由祖辈帮忙在日间看护。依靠祖辈照看孩子，条件在于，老人身体要好，且有主观看护意愿。请保姆看护也可以，但保姆看护费用持续走高，而且很多人未必放心。若女性辞职专门带孩子，对城市的工薪一族，可能性很小，因为这样的经济代价更大。

其次是0~3岁期间的幼儿养育花费。虽然穷有穷的养法、富有富的养法，但总的趋势是越来越贵。若有祖辈帮忙看护，已经算是省去了一大笔费用。但其他支出，例如奶粉、零食、水果等每个月要1000元以上，纸尿裤、玩具等每个月要400元以上，还有早教、疫苗和其他医疗费用。三年下来，接近10万块钱是需要的。这其中的大多数支出是刚性的，要追求更好的条件和品质，花费就不止这么少了。

再次是3~6岁幼儿园的花费。这期间的费用，除了日常吃喝穿用，可以分为两部分，一是幼儿园的相关费用，二是兴趣班和游玩的相关费用。上文账本中曾老师女儿的费用清晰地展示了这方面的支出，对于工薪家庭来讲，也并非小数目。

在大城市，民办幼儿园每月要 3000 元左右，普通公办幼儿园每学期要 3000 元左右，再加上每个月还要 1000~2000 元的兴趣班。三年下来，再加上饮食、服装、游玩，即使是读公办幼儿园，差不多也得 10 万元左右。

前不久网络上有个被热议的故事——武汉有个网友，在 2017 年的国庆，因为自己开始带娃，就算了一笔账，她回忆，2010 年的新闻里，武汉养娃 7 岁前的成本是年均 2 万元；2011 年成本骤增，从怀孕生子到大学毕业，至少 32.9 万元；2013 年的新闻变成了"网传武汉养个娃成本 160 万元"。2017 年她自己算了算，一年仅孩子的基本生活、教育、医疗等费用，每个月在 3000 元上下，一年也接近 4 万元。这里算的还是公立学校，没有任何培训教育的情况。我们无从核实和考证网友所讲故事的准确性有多高，代表性有多强，但通过与曾老师的账本对比，这个故事基本就是现实。

🖊 孩子在长大，教育支出是投资

◎ 校内花费很少，校外支出很大

当孩子离开幼儿园，从接受义务教育开始，就从养娃变成了教娃，这时的主要支出转向教育。"再苦不能苦孩子，再穷不能穷教育"，这是中国人传统朴素却又目光长远的想法。2017 年汇丰集团（HSBC）的全球调查报告《教育的价值》显示，中国内地父母对子女教育经费的重视程度名列全球第一。

对每个家庭来说，收入是硬约束，生活中需要花钱的事项总是太多，需要在财务上进行取舍，而中国父母最不愿意放弃的就是子女教育开支。相比房贷还款、保险支出、投资理财及退休储备等财务需求，《教育的价值》的问卷显示，有近六成（59%）的内地受访父母表示，子女的教育经费是他们最不可能削减的支出，远高于全球平均水平（32%）。孩子的教育相当于对孩子的人力资本投资，也是一项教育服务的消费，这应该算是中国当代最大的"奢侈品"，尤其是在大城市，不论是培优教育支出本身，还是学区房等和教育有关的投资，都在家庭支出中占很大比重。

在旺盛需求的刺激下，教育培训市场发展迅速。根据行业相关数据，2017年，中国教育行业的市场规模已经超过20000亿元，同比增长12%。在电商的冲击下，不少传统商场生意萧条，被迫撤场，空余出来的商业空间，很快就被各类幼儿、中小学教育培训等机构所填补。这些培训课程有，艺术类的，诸如围棋班、画画班、书法班、钢琴班，适合各年龄段；主课类的，诸如英语辅导、数学辅导、语文辅导，适合各年级；还有针对各种学习难度、强度和进度的，诸如远航班、火箭班、基础班，以及适合各种学生需求特征的，诸如"一对一""小班制""寒假班""冲刺班"……

现在80后、90后的家长越来越多，他们比上一代父母更加重视教育。所以他们选择让孩子参加各类兴趣班，这不仅仅是为了让孩子学习成绩不落于人后，更是为了孩子将来的发展。多数家长的观点是，报了这么多兴趣班，孩子的确很辛苦，但是不想轻易放弃孩子的兴趣，哪怕几个兴趣最后只培养出一个特长也是值得的。例如，到了升初中、升高中，某一个兴趣若是坚持下来了，将在升入更好中学的竞争中发挥巨大的作用。毕竟，只要考试和成绩的指挥棒还在，谁都无法完全去否定课外补习或培优的合理性。目前中国小学和初中属于九年义务教育阶段，不需要收取学费，书本费等支出也很少，但一年下来教育费用却很多，主要是周末和暑假参加辅导班、兴趣班的费用。对比上述账本故事中曾老师大女儿的课外学习支出，到了初中、高中，这个支出只会更多，因为随着学科难度的提高,补习课的费用也会相应增加。但是，教育经费往往会受到家庭经济的限制，目前家庭收入的差距，一个最直观的体现就是教育支出的差距。教育投资是一个长期行为，为了让孩子受到更好的教育，同时考虑到物价上涨和教育经费增长率，父母有必要提前准备好教育经费，越早规划以后就越主动。

◎ 成长影响因素多，成才观念需更新

在孩子成长过程中，教育的获取，知识的学习，考试的成绩，是很重要，这不能否认，但这不是全部。因为孩子的成长是一个接受外部各种信息的过程，数学、语文、英语、物理、化学、历史、地理等知识的学习，虽然直接关乎升学，但也只是各类信息中的一部分，来自家庭、人际和社会等其他方面信息的影响一样重要，也是成长过程中必不可少的，

过去养娃很简单，不用买什么玩具，自制小木枪照样玩得不亦乐乎

孩子经常帮父母干家务，做洗衣服、打扫卫生等一些力所能及的事情，有助于孩子健康成长

总有家长逼着孩子学自己不喜欢的"特长"，好像不给孩子报班就低人一等似的，导致不少家庭花费重金去学"兴趣班"

甚至一样可以改变人生的轨迹。

例如家庭的影响，其重要性往往被很多人忽视或轻视。在许多家长眼中，教育似乎应该只是教师和学校的责任，和自己的关系好像不大。其实不然，父母是孩子的第一个老师，也是最重要的老师，是言传身教和身体力行层面最好的老师。家庭教育是教育的基础，是不可或缺的一部分，也是孩子整个成长过程中坚实的后盾。一个良好的家庭教育环境，更容易培养出独立自主、性格完整、"三观"正确的孩子。相反，生长在家庭教育缺失或者有缺陷的家庭的孩子，往往在性格、为人处世方面有所缺失。

又比如，若是父母常把负面的示范和要求传递给孩子，长此以往，极有可能影响孩子将来的为人处世。假如家长的教育是专制的，帮孩子做好所有决定，这样长期下来，孩子往往会形成胆小怕事或者暴躁易怒的性格；再比如溺爱的管理，不管孩子说什么，家长都同意，长期下来，孩子就会变得霸道、自我、脆弱。这些影响孩子一生观念和行为的家庭因素，其实比学习成绩排名、考上什么大学都重要得多。

同时，随着社会的发展进步，我们也要对"成龙成凤成才"的观念进行更新，尽管这个转变可能是一个漫长的过程。基于先天的自然遗传和后天的社会影响，每个人都是不一样的，也都具有不同的性格和专长，教育将会使得人们的专长得以更好地表达和发挥。但在接受教育和考试竞争过程中，更善于记忆和逻辑演算的人，考试技巧掌握得更好的人，会得到优先的机会，进入更高的受教育平台，而其他人就未必可以。那其他人，难道就不能成才了吗？答案当然是否定的，三百六十行，行行出状元，社会上需要各类人才，记忆能力差的，动手能力可能很好，做一些操作类的工作就非常擅长；逻辑演绎天赋不好的，应急处理能力和意志力可能很强，现场感也不错，照样能做好一些流程管理和工程类工作。只要这份工作适合他的性格和专长，就是最好的工作；只要干一行爱一行，他喜欢这份工作，就是最好的工作；做好自己的这份职业和工作，获得合理的薪酬，对自己适合，对家庭有用，对国家有利，就都是"成龙成凤成才"。一定非得把职业和工作分出个三六九等、高低贵贱的观念，现阶段确实存在，笔者能够理解，但绝对不赞同，因为这不是人类社会进步的方向，更不是未来评判人发展的"标准"。人的发展，应该是平等和互利的，应该是自由而全面的。

账本里的乡村纪事

两个农村的账本故事

集体账与家庭账——两个农村账本故事

这次我们来看两个账本，都来自农村，一个是过去的集体账本，一个是后来的家庭账本。

◎ 集体账本，记录普光村 20 年经济史①

在千年古刹普光禅寺旁，有一个因寺得名的行政村——普光村，如今这个行政村隶属于浙江省嘉兴市南湖区余新镇。半个多世纪以来，这个看似寻常的小村一直保留着一份属于自己的"独家记忆"：一套完整的村级经济账本。这个是一套村集体账本，村民把在村里的收支情况、分红都完整地记录下来，账本见证了普光村的历史变迁。

2004 年，村里请村的老会计费正林撰写村志，老人在村里重新发现了这套"宝贝"，这套村级经济账本得以"重见天日"。如今这个账本已经捐赠给嘉兴市档案馆，也成为查询了

---

① 本故事根据浙江在线嘉兴频道文章《一套老账本还原普光村尘封 50 多年的"独家记忆"》整理改写而成。

解、分析研究嘉兴50多年前农村经济情况的珍贵资料。

村民记录的老账本是1962—1982年的账目情况，这一套账本里主要包括了春花预分方案、早稻预分方案、年终粮食分配方案、年终经济分户方案和年终决算总分方案五个部分。每个方案都有一本单独的账本，账本上清晰地记录了那个年代的普光村所在地区的农村人口数量情况及农民经济收入状况。

这套村级经济账本一直被存放在一只老木箱里，历经行政村的拆分与合并，这套老账本被完好无损地保存了下来。这20多册账本编写完成后就一直保存在箱子里，虽然村部搬迁过多次，但历任村干部都把这些东西当做村子里的宝贝。这样一套保存完好的村级经济账本，应当是相当少见的。翻开这些老账本，户主姓名、人口数量、工分统计、畜肥奖粮、三定粮、计算口粮……村里每家每户的各方面情况被清晰地罗列出来。费正林老人说："从初级社开始我就在做账本，每一年每一户的收益都有明确的记录。"

家住普光村四组的翁守荣生于1946年，曾经担任普光村的生产队会计、队长。年逾七旬的他对于这一套老账本有着非常深厚的感情。20世纪70年代初他任红旗大队第四生产队会计，29岁时开始担任第四生产队队长。1974—1983年翁守荣担任生产队队长时，曾创造过集体经济总收入同比增长超过80%的"神话"。早在党的十一届三中全会之前，翁守荣就在管理上利用包产到户的方法来提高农户的积极性，实现增产增收。1977年，翁守荣把队里一块20多亩的油菜花田分配给每户，由农户自己负责耕种和管理，多劳多得，结果当年的产量比上一年高出了近一倍，这些数据都记载在这套村级集体账本中。

翁守荣说，非常有意义的是，老账本的起止时间"蕴藏"了新中国成立以来农村的两个历史性事件。"1958年我们正式组建了人民公社，当时普光生产大队隶属曹庄人民公社，1962年起开始实行生产资料归公社、生产大队和生产队三级组织所有的集体所有制经济。因此，1962年开始，大队开始需要记账，这就是这套账本为什么始于1962年的原因；同样，1982年全国开始全面推行家庭联产承包责任制，我们大队也是在1983年正式分田到户，所以从1983年开始，集体账本就没有记录的必要。"

施招霖是现任普光村党总支书记，他是这套老账本的"同龄人"。生于1962年的施招霖对于20世纪60年代时家里的情况只有模糊的记忆，"工分""分红"这些词语对于他来说是既熟悉又陌生。施招霖说："现在已经完全想象不到那时的生活有多么苦了。"他翻开自己出生那年的账本，上面清楚地记录着，家里到年终一共分得54.43元，这也就是施招霖家1962年全部的经济收入。借助这套账本，施招霖还找回了许多儿时的记忆。1979年大队有次"万元大分红"活动特别轰动，记得当时家里一共分到了300多元，在村里算是比较多的，还有邻居分到1000多元，让人非常羡慕。

这套村级集体账本，是1962年到1982年普光村的全部经济档案

从工分统计到口粮分配，账本内容事无巨细，所有的收支都有明确记录

时间、生产队、数量，账目都被清晰地记录，还有盖章确认

老账本泛黄的纸上，密密麻麻的文字和数字背后，普光村 20 年集体经济的"村史"跃然而出。老账本记录的 1962—1982 年，正是中国从"大跃进""文化大革命"到党的十一届三中全会再到改革开放的年代。其间，知识青年上山下乡、计划生育、改革开放……这些历史事件都被老账本忠实地记录了下来。

甚至不需要把账本翻开，都可以看到普光村的变迁。因为在每册账本的首页，都有普光村的"曾用名"。1962 年的时候，村名还叫做"普光生产大队"，从 1962 年往后的账本都叫这个名字，到了"文化大革命"时期，"普光生产大队"将名字改为"红旗大队"，直到 20 世纪 80 年代才正式定名"普光村"，这在这套账本上都有体现。变更村名的同时，普光村当时还经历了很多次拆分与合并，比如在 20 世纪 60 年代，周边的盛家浜、沙桥、红民等村也划进普光生产大队，这些变化在这套账本中都有详细的记载。

在普光村经济账本中，人口也是账本可以提供的历史信息之一。在 1962 年的账本上可以看到，当年的人口增长速度非常快。"当时三年严重困难刚刚结束，普光村迎来了一个生育高峰期，新生儿数量非常多，1962 年全年一个小队的新生儿就达到七个。"施招霖说。自 1962 年以后，普光村人口一直稳步增长，直到计划生育政策的实施。继续往后翻页，账本记录的时间进入 20 世纪 80 年代，账本中"人口数量"一栏开始出现了不少"3"字，三口之家数量的增加无疑是计划生育政策实施的效果。在账本上可以清楚地看到，20世纪80年代之前，普光村每户人口数大多在六人以上，进入20世纪80年代以后，三口之家慢慢增多，人口增长的速度也明显放缓。

◎ 家庭账本，见证农民30多年生产生活史[①]

刘元九是山东平度市大泽山镇三山东头村的一位村民。他有一个特别的爱好，就是喜欢记账。从1982年开始，他坚持将家里的日常收支情况记录在账，36年来乐此不疲，从未间断。2007年，他记录的账本被国家博物馆珍藏。2018年11月，国家博物馆将刘元九记录的2007—2016年共计10年的"生产生活日记账"纳入馆藏。这是继2007年刘元九记录的1982—2006年的账本被国家博物馆收藏后，他的家庭账本第二次成为"国家记忆"。

至此，国家博物馆已收藏其总计35年的家庭账本，这也是国家博物馆在全国范围内收藏的唯一一本由农民自己记录的家庭账本。

刘元九因为以前就给生产队记工分、记账，到1982年，他已经给生产队记了10年账，都记成习惯了，自己也萌生一个想法：小家庭过日子也应该记本账。于是，从1982年开始，他在田间地头劳作之余，就开始记账，一直坚持记了36年。

---

① 本故事根据大众网特别报道《平度农民刘元九用小账本记录大变革》整理改写而成。

一开始，他记账是为了回头看看家庭开支，看清楚一个月的家庭花销在哪个方面超支了，哪些钱是可以节省下来的。小到一分钱，大到重大开支，过日子都要精打细算，做到心中有数。慢慢地，尝到了记家庭账本的甜头，让刘元九在精打细算之余，小日子的各项打算都能通过账目达到收支清楚，安排得有滋有味、井井有条。尤其是回味起账本里的生活点滴，刘元九仿佛看到一部时代变迁的家庭影片，里面的酸甜苦辣都能一目了然。

先说吃方面。刘元九的家庭账本上，最小的一笔花销是1982年7月19日，他花6分钱给儿子买了两支冰棍。这一年，家里生活开始改善，这种变化正是因为农村的政策变化带来的。1982年年底，三山东头村实行包产到户。当年，全家收入836元，支出574.9元，其中仅吃就花掉近300元。到1985年，他家的饭桌上终于摆上了白面馍。和以前天天吃玉米面、地瓜面相比，饭桌上每天都能吃白面馍，那可是农村人的一种巨大的幸福。

再说说穿方面，以前的开支很少，也是从1982年他记账开始，花在穿衣方面的钱逐年增加。刘元九回忆，20世纪80年代初，村里人做衣服要靠布票，每人每年只能分到1米的布料，还不够成年人做一条裤子。2004年春节前，他为刚大学毕业的儿子刘佳就买了一件235元的棉衣和一套198元的西服。"我们老两口不爱讲究，穿啥衣服都行，但每年总得给孩子买新衣裳，有时候一年花在新衣服上的开销就有五六百

1982年的账本封面。记过生产队账的刘元九，记家庭账得心应手

1986年刘元九家年收入过万，正式成为『万元户』

2016年，刘元九家一年的纯收入已经达到了5万多元元。"2007年老两口买的衣物支出达到420元。

再看看住方面。到了1992年，刘元九花了2.7万元自建了新房，居住条件得到极大的改善，本想作为儿子的婚房，但儿子在青岛发展，就他们老两口自己住，这也是他们家花在住方面的第一笔大开支。后来，儿子在青岛购买了一套84平方米的住房，他们老两口赞助了13万元，儿子装修新房时，老两口又给了1万元。这些年来，在住房方面的支出，账本显示的投入是最大的。

继续看出行方面。20世纪90年代后期，刘元九他们家所在的800多人的村子里，有十多户村民家里买了汽车。1996年年底，他花10270元买了一辆摩托车，2002年又花4000多元买了一辆三轮车，主要用来拉水和运肥料。村里以前去平度，是山路，后来修了土路，2001年修了柏油路，2007年又修了一条贯通南北的水泥路，现在去平度坐公共汽车，用不到1个小时，这些事他都记在了账本上。

最后，看看养老方面。刘元九说，现在家里种着四亩多的葡萄，一年仅卖葡萄收入就有四万多元，在村里算是中等收入水平。从艰苦岁月走过来的农民，知道苦日子的辛酸，所以即使过上了好日子，也不会大手大脚随便乱花钱。现在的老年生活中，刘元九的家庭账本上，主要体现的支出项目是吃和养老方面。"一年365天，一天的生活费得20多元，一年下来就得七八千元，生活水平的确是提高了，我每天还喝牛奶，我和老伴的身体还好，没啥大病，一年下来，还能攒不少钱。"刘元九说。

新中国成立 70 年来，中国的农业、农村和农民都发生了翻天覆地的变化，文章前面的集体账本和家庭账本，从个体的视角，完整地记录了这个变化的过程。接下来，笔者仅从账本所涉及的农村经济制度出发，简要梳理和分析"三农"变迁的过程。

| 账里乾坤

70 年农村经济：从生产队到股份制

农业是国民经济的基础，也是社会稳定的基础。农村经济的基础是农业，其发展水平在一定程度上，是反映百姓生活质量的"晴雨表"。70 年来，中国的农村经济的制度模式和组织方式都发生了巨大变化。

◎ 曾经的生产队

农村的生产队组织模式诞生于 20 世纪 50 年代末。在国营农场中，生产队是劳动组织的基本单位。在农村，生产队是农民集体所有制的合作经济，实行独立核算、自负盈亏。生产队的土地、农具、牲畜等生产资料，归生产队集体所有，农民由生产队统一调度参加农业生产活动。通过国家计划指导，各生产队根据本队的实际情况因地制宜地编制生产计划，制定增产措施和经营管理方法，并且在完成向国家交售任务的条件下，有权分配自己的产品和现金，以及按国家的政策规定，处理和出售多余的农副产品。

人民公社化运动催生了生产队，中国于1962年确立了"三级所有，队为基础"的基本制度，三级即为人民公社、生产大队和生产队。一般来说，每个生产队基本集中在一个村子里，人民公社下属的自然村叫生产大队，按人口多少再分为若干个生产小队，即生产队，一般以一、二、三的排序命名。生产队成立初期规模为10户左右，后随着家庭人口变化，20世纪70年代一个生产队平均约为20户，再到人民公社解体前，规模演变为25~30户，人口从几十人到一百人。一个生产队实际上就是一个小社会，需要有"管理层"。生产队中，农户为"社员"，并设有队长、副队长，队长、副队长一般由各生产队德高望重、号召力强、对农业生产比较了解的人来担任，还要配备有会计、出纳、记工员，另外还有妇女队长。队长跟普通农民一样干活挣"工分"，并没有工资和其他特权。到了上工的时候，队长或是敲钟，或是打开广播，有的时候是队长喊话，大家分头去干各自的活。

计划生产的僵化性、对个体劳动激励的不足以及对自然灾害抵御能力低下，导致农作物产量比较低，在那时能做到四季都吃饱饭，就是比较好的生产队了。队里的粮食分配开始是按"人六劳四"分配的，所谓"人六劳四"就是把生产队所生产的粮食在交足了国家的任务后，从剩下的粮食中拿出60%来按人口分，剩下的40%按劳力即所获工分分配。"人六"是为了照顾老人、小孩多的家庭，而"劳四"则是为了激励大家生产积极性，多劳多得，谁家劳力多，工分就多，所获的也就自然会多。"工分"标准的制定各地大同小异、男女有别，"工分"报酬为两种形式，即针对"普通农业劳动"的标准工作日报酬12工分和针对农忙时节或特殊劳动项目的"定额报酬"，如开挖土石方按每立方米15分等。具体到每个劳动者（社员）的工分档次由生产队负责人会议核定，对负责人会议的核定出现异议则通过生产队组织的"社员大会"审定，不同生产队之间存在差异。生产队作业模式在一定程度上体现了公平与效率相结合，人多力量大，但也让某些好逸恶劳之人不干活混"工分"，助长了"搭便车""吃大锅饭"等歪风邪气。

◎ 后来的"大包干"

从普光村的集体账本到刘元九的家庭账本，是因为曾经的生产队变成了后来的"大包干"。

20世纪70年代中后期，由于长期受"左"倾思想和路线的影响和冲击，当时的农村经济效率十分低下，广大农民呼唤改革的心声越发强烈。安徽省凤阳县某些生产队首先搞起了包干到组（组是更小的生产单位），将土地、农具、耕牛和各项任务分到各作业组，年终分配时，该给国家的给国家，该留集体的留集体，剩下的归小组分配。在生产积极性得到极大提高、产量也大幅提升的情况下，生产队决定实行包干到户，"大包干"就这样应运而生。"大包干"对人民公社旧体制的大胆突破，创造了有目共睹的增产效果，在上级的许可下，

生产队队长在田里安排工作。年纪稍大的人，对生产队都有着深刻而清晰的记忆

实行家庭联产承包责任制后，激发了农民生产劳动的积极性

新一轮的土地制度改革以来，农民股权合作推动集体经济的发展

"大包干"开始迅速在全省推行，并在短短三四年间普及全国。至 1986 年，全国约有 99.6% 的农户实行以"大包干"为主的联产承包责任制。

本质上，"大包干"是在坚持耕地等生产资料公有制的前提下，生产队通过合同形式把生产任务具体明确到户。其特点是：以农民为中心，以解放生产力为出发点，将土地使用权放到农户，实现了生产者与经营者的统一。它坚持以家庭经营为基础，以联产承包为核心，实行统分结合、双层经营的管理体制，采取"保证国家的、留够集体的、剩下都是自己的"这样一种崭新的分配方式。家庭是基本生产单位，血缘的紧密联系使得生产凝聚力强、自主性提高，"大包干"责任制让这种古老的家庭生产和经营方式重新焕发活力。"包"是这种模式的重点和突破点，与以往的生产队模式不同的是，它赋予了农民较大的自主性，劳动者直接享有生产资料的使用权，个人利益同其所生产的最终产品的数量和质量直接联系起来，从而使得劳动者对生产经营更加积极、更有责任感。而对于统分结合、双层经营，"分"是指家庭分散经营，"统"是指按照国家任务规定提留产品。农户在完成任务后，能实现自主生产，成果自由分配。

同时，"大包干"的分配方式不仅兼顾了国家、集体、个人三者利益，更重要的是真正找到了按劳分配的实现形式，使责、权、利三者科学结合，打破了平均主义的弊端，有效地调动了广大农民的生产积极性，生产力和生产效率得到大幅度提升。回顾来看，家庭联产承包责任制适应当时中国处于社会主义初级阶段生产力不高的国情，也符合传统农业生产的特点。这种模式在当时契合了生产关系与生产力相适应的逻辑，从被动接受到自主决定，人内在的自由和能动性通过制度设计的优化，得到了更大程度的发挥和释放，农村的生产力水平也得到了极大的促进和提高。

◎ 今天的股份制

进入 20 世纪 90 年代后，不少农村地区掀起了"开发热"，为了处理农民农业用地转化为非农用地的矛盾，以及进一步提高农民生产经营效益，一些地区尝试进行以土地流转为中心的农村股份合作制改革。以股份合作制来完善和发展家庭联产承包制，既保证在土地流转过程中农民可以获益，也保证土地的规模经营和统一规划。农村土地股份合作制，其核心是，在坚持土地集体所有的前提下，在乡（镇、街）、行政村、自然村的一个区域范围，将集体全部资产作价入股，或以土地承包经营权作价或者不作价入股，把集体土地集中规划、管理和经营，所得收益按照股份分红。其实质是将集体资产量化到人，将土地承包经营权转化为价值形式，通过股权实现农民对集体资产的民主管理和利益分享。以股份制的形式分红，一方面解除了土地对农民的束缚；另一方面实现了土地的规模化、科学化利用，契合了当前农村经济生产力的发展。

由于农村思想观念的转变，
过去养儿防老、重男轻女
的观念逐渐弱化

现代文明的不断渗入，生
产和生活方式的改变，让
时尚潮流也进入了农村

热闹的农贸市场，是农村
经济发展的风向标

首先，农村土地股份合作制的突出表现在入股或配股资格上，具有社区性，一般为村民。其次，它可以自由入股，退社自由但不能退股。股权设置上，采用折股和募股相结合，设立个人股和集体股。个人股一般包括土地承包经营权，并且以土地承包经营权股为主体。集体股又称为集体资产股，以资产折股或资金入股，股权由村股份合作社拥有。股权按规定一般不得对外转让、抵押、赠予，但在社区范围内可以继承。组织机构按照三权分立原则建立"股东代表大会—董事会—监事会"，但股东表决权实行一人一票制，以实现公平、公开、公正。在利益分配上，以重点保护土地承包经营权股利益和盈余全部返还为基本原则，实行按股分配，凸显对土地承包经营权股的保护。

新一轮的土地制度改革以来，很多农村纷纷从土地承包进入股权合作的时代，"资产作股权，农民当股东"。把承包权化作股权，集体土地统一运营，每年为股东带来一定数额的分红，保障农民权益的同时让农村经济的轮子转起来，对改善农民生活、增加农民财富作用明显。改革同时保证了集体资产的完整性，保护了现有生产力，农民对集体经济的责任感和关注度大大提高，增强了集体经济竞争力，促进了集体经济发展。股份制改革有利于维护农村的社会稳定，通过明确组织成员的利益分配关系，以公平、公正的形式，保障村民个人和村集体的利益。

目前中国的农村土地制度改革仍在深化进行中，以不断适应生产力的发展。着力点是强化农民集体土地所有权权能，严格依法保护农户承包权，加快放活土地经营权，完善农村承包地"三权分置"的有效组织形式、经营方式和发展路径。

说完了农村的土地和经济，再来说说农村的人口和文化。账本上能记录的，是看得见的支出和事物；透过看得见的事和物，当然会联想到里面的人和生活。

✒ 乡村里的"人"和"文"

◎ 人口：从增多到减少

新中国成立以前，受到战争和封建势力的剥削、迫害，再加上物资匮乏和医疗条件短缺，人口增长一直处于低水平状态。新中国成立以后，为了缓解战争带来的劳动力流失，以及为国家建设补充人员，国家鼓励生育。从新中国成立初期到计划生育以前的集体经济时期，中国农村的生育率呈现持续走高的趋势。中国自古以来就有多子多福、家大业大、人多好办事的说法，家庭生育意愿强烈，然而小农经济条件下，抚养能力有限，这种生育需求受到限制。新中国成立后，中国各方面发展趋于稳定；到集体经济时期，受到当时分配政策的影响，家庭成员基本生活保障转嫁到了集体，对农村生育起到了极大的刺激作用。对于那些人口多、劳动力比率高的家庭，年终"分粮多分肉多"，从集体分配中占取了较大份额，人口多带来好处明显也多。

在农村，人口密度小，住房不成问题，鸡鸭鹅满院子，但是青壮年都跑去城市打工挣钱了

城市不起眼的角落里搭着低矮的窝棚，留在城里的打工者，为了养家糊口、孩子上学，宁可蜗居在里面

父母不在身边的孩子们，他们期待美好的明天，为过上幸福生活奋斗着

1971 年，中国对人口生育提出"一个不少，两个正好，三个多了"的口号，重新开始因"文化大革命"中断多年的计划生育工作。那时采取教育动员村民的方式，鼓励妇女节育，在意识到人口多并不能带来较大的经济效益后，中国的农村生育率开始下降。20 世纪 70 年代末开始，严格计划、强制执行的"一孩"的政策开始在城镇实施，但在农村这种政策仍有较大的回旋空间和灵活处理。人们开始认识到，孩子多抚养负担重，无法实现更好的养育，多孩子反而拖累家庭，优生优育逐渐成为社会共识。

改革开放以后，随着物质生活的逐渐富足，中国农村的人口数量整体呈现先上升后下降的趋势。在国家计划生育政策的驱动下，全国普遍落实少生优生优育。随着生活水平和医疗条件改善，人均期望寿命越来越长，农村人口数量呈现快速上升趋势，生育率处于低水平稳定状态，计划生育取得了良好的效果。随着中国城市化进程的逐渐加快，越来越多的人进城务工、经商、上学、婚嫁，农村人口逐步向城市转移，常住农村的人口比例逐年下降。

此外，由于农村思想观念的转变，过去养儿防老、重男轻女的观念逐渐弱化，越来越多的家庭选择只生一个，优生优育、晚婚晚育成为社会主流认知。虽然后来国家改变生育政策，放开二胎，但是由于育龄家庭工作压力大，抚养孩子成本高，农村生育率并未得到明显提高。毫无疑问，随着中国产业结构的转型升级和城镇化的持续发展，未来农村人口数量和比例将继续下降。

◎ 文化：从传统到现代

讲文化之前，先说说农村的文盲率。

发展教育事业、扫除文盲，提升全民族的科学文化素质，一直是新中国成立以来，国家关注并集中精力解决的事情。新中国成立初期，乡村由于物质条件、教育资源匮乏，是文盲的重灾区。为了尽快扫除文盲，提升农民文化素质，中国先后采取了一系列措施，号召"有文化的都来教，没文化的都来学"。

发展农业需要大量有知识的劳动力，而当时的农村文盲率高达 90% 以上，几乎无法推广农业机械化和先进的农业技术，农业生产水平提高遇到了极大的困难。为尽快提高农业生产水平，同时大力发展农村教育事业，政府安排了各类人员担任乡村民办教师和扫盲教员，通过各种"识字班"，很多农民摘掉了"不识字"的帽子。

改革开放以后，国家更加注重农村扫盲和基础教育，通过采取"一堵、二扫、三提高"教育方针，制定扫盲标准；到 20 世纪 80 年代，文盲率显著降低。随着中国教育条件的不断提高，九年义务教育全覆盖快速落地实施，农村儿童基础教育普及率大幅上升，上学不仅是孩子的权利，更是政府、社会和家庭的责任。新中国成立 70 年，中国农村教育事业的发展，让"文盲"彻底成为历史名词，也为农村发展提供了

荷花绽放的季节，村庄周围
都飘散着清香

村里有恬静悠闲的幸福，是
挥不去的乡愁记忆

小河流水潺潺，桃李满园，
留住乡村的味道

强大的人力资本支持。

再来看看农村文化的变化。

文化是一个民族的根、一个民族的魂。新中国成立70年来，乡村传统文化，受产业结构和城市化的冲击和影响，从宗族文化向发展新农村文化转变。唐代诗人白居易描绘了中国传统乡村社会聚族而居的景象："有财不行商，有丁不入军，家家守村业，头白不出门。"这种现象为宗族文化的孕育提供了温床，修祠堂、祭祖、编族谱等都是典型的宗族文化产物。传统宗族文化寄生于中国几千年的农耕文明，是传统乡村治理的重要软约束。

改革开放之后，社会流动有所增强，血缘关系受到一定程度的弱化，地缘关系、业缘关系有所发展，农村地区的宗族文化被不断冲击和淡化。传统宗族思想一方面排外、故步自封；另一方面，它对维系亲情意识、提供归属感和认同感，有着不可替代的作用。现在大部分农村地区随着现代工商文明的渗入，传统以血缘纽带为中心的社会网络逐步消解，宗族文化的弱化从一个侧面见证了农村文化的更替。

建设社会主义现代化新农村，就是要吸收传统文化精髓，发展新时代农村先进文化。现代文明的不断渗入，生产和生活方式的改变，改变着农民的思维方式，用适应现代经济发展的理性逻辑，打破传统文化观念和因循守旧的保守思维，走出爱农业、懂技术、善经营的勤劳致富之路。此外，现代科学技术的普及，也让农民的休闲娱乐方式获得了极大的丰富，新型技术的广泛应用也让农业生产力大大提高，新时代社会主义文明的春风让面朝黄土背朝天的农民，跟上了时代发展的节奏，向新型职业农民转变。

◎ 乡村振兴：由物及人

农业农村农民问题是关系国计民生的根本性问题，处理好"三农"问题是中国改革发展的重中之重。当前随着乡村振兴战略的全面实施，农村发展渐入佳境，从产业兴旺、生活富裕到乡风文明、治理有效，由物及人，乡村的变化折射出新中国 70 年的伟大发展成就。

乡村振兴最重要的还是产业，产业兴旺是乡村振兴的基础。乡村产业将农业、农村、农民连接在一起，直接关系到农民增收、农村经济发展。农村有产业，产业能兴旺，吸引更多的人才、资金、技术进入农村，使农村充满生机和活力。早些年，农村的一二产业融合多，第二产业发展快，例如农副产品加工，搞开发建工厂推进工业化。近些年来，农村一二三产业贯通融合发展，产业兴旺出现新模式、新特征，例如乡村旅游、特色产业、电子商务发展迅速。

特别是党的十八大以来，农村的交通、教育、医疗、环保等基础设施和公共服务都得到了大幅度改善，越来越多的短板被补齐，农民的收入水平和生活质量显著提升。同时，中国大力培育新型职业农民，根据不同产业特点，开展培训、实训，做好入户指导、田间咨询、网络交流等跟踪服务。通过互联网平台为农民提供销售渠道、获取信息渠道，为进一步实现农业和农村现代化提供基础。

尽管未来生活在农村的人可能还会继续减少，但这与乡村的全面振兴并不矛盾，振兴并不意味着人多，全面振兴也不等于面面俱到，而是发展更具活力，环境更加优美，乡村更有自身特色。城乡差别不应是生活质量的迥异，而是生活方式的差异。"城里人"有城里的快乐，"乡村人"有乡村的幸福。

生产发展了，生活富裕了，环境优美了，这些都是"物"的层面的变化，乡村振兴还要由物及人，从看得见的"物质"到看不见的"气质"，都得发生变化，例如乡风更加文明，科学更加普及，文化更加繁荣，治理更加有效。

电子账册里的物价和养老金

刁锡永的账本故事

✐ 退休老人用起电子记账册——刁锡永的账本故事[1]

这次账本故事的主人公是一位退休老人，他叫刁锡永。笔者通过媒体了解到他记账的故事并联系他。一般人是60岁退休，所以退休老人也基本见证了祖国70年的变化。刁锡永是重庆四联集团的一名普通退休工人，70岁的他是祖国的同龄人，他如今和老伴、女儿、女婿一家四口住在120平方米的商品房中，日子过得有滋有味。

记账过日子是中老年人的"专利"和乐趣，刁锡永一直有记账的习惯。之前，他用纸笔断断续续记账，记得不全，也没保留下来。随着科技的不断发展和进步，他精打细算过日子的记账方式也发生了"革命性"变化，他利用电脑和网络写电子账本，成了名副其实的"账客一族"。

---

[1] 本故事部分内容根据《中国经济周刊》（2011年1月11日）文章《账本故事：中国11个普通家庭的"经济史"》中的采访记录整理改写而成。

从 2008 年开始，他便用电子账本记录下全家人的生活开支，小到一元的小白菜、豆腐，大到 1200 元的一件衣服，刁锡永都不厌其烦地坐在电脑前，坚持记录下来。对他来说，有了账本，心里才有"数"，他才可以及时调整家庭开支。日后翻看账本，也是一种回忆。

◎ 物价涨，开支在爬坡

"香肠肉 32.5 斤 433 元，莴笋 2 元，空心菜 3 元，萝卜 3 元。"这是刁锡永在 2010 年 12 月 29 日记录下的全家当天的开支。对很多人来说，特别是在快节奏工作生活的上班族看来，记账是一种很"out"的行为，他们也许会疑惑这几块钱有必要记下来吗？对此，刁锡永感慨道，年轻人没吃过苦，不知道节省，物价上涨，越来越多的人"花钱总比赚钱快"。在没有开源或者开源不足的前提下，节流就是最好的理财办法，老一辈的人都知道什么时候该花钱、钱花在了哪里。晚清名臣曾国藩曾经留下 16 字箴言："家俭则兴，人勤则健。能勤能俭，永不贫贱。"挣钱是创造财富，节俭则是累积财富。

打开 2008—2010 年的账本，可以看到 2010 年 12 月的开支最大，有 7153 元。刁锡永回忆道，因为过年要置办"年货"，所以比平时买多一些东西。除了日常用品和食品，还买了全家人的衣服和鞋子，而且买的食品种类也比以前多，再加上那段时间的物价上涨比较快，开支自然就大了许多。春节是中国的传统节日，人们辛勤工作了一年，歇息喘口气，与子女父母团聚。对于退休的工人来说，没有什么事情比一大家子热闹团圆更幸福了，花钱也开心。

经济发展越来越好，人们的收入增加了，生活支出也就跟着大起来。刁锡永说，相较以前，现在的月支出翻了一倍。"以前断断续续用纸笔记账的时候，每月平均支出不到 1500 元，现在每月几乎达到了 3000 元，包括全家四口人的生活用品开销、交通费、服装开支等。"在老人的电子记账本上，2008 年 8 月 13 日至 2009 年 12 月 31 日，一年零四个多月，生活开支共计 34750 元，月平均约 2106 元；这个费用还没加上女儿、女婿单独给他买生活用品、食物等的花费。2010 年全年生活开支共计 35841 元，月均 2986.15 元，比 2009 年每月多支出 880 元。支出的增多，一大原因就是物价明显地上涨了。就拿老人喝了十几年的牛奶来说，2005 年是 1.2 元一袋，现在 2 元一袋。再加上现在的人需求变多，也讲究生活品质，吃用都要质量好点的、品牌名气大些的，月支出明显水涨船高。不过，他还是觉得自己年纪大了，不大适应涨得太快的物价，希望生活必需品的价格能够稳定一些。

◎ 退休金多了，生活有保障

中国人自古追求"老有所依，老有所养"。有朝一日，当我们垂垂老矣，谁来为我们养老？除了自己的子女，国家便是保障退休老人生活的坚强后盾。作为一名普通的退休职工，刁锡永比较欣慰的一点是，他自己和老伴都有退休工资，通过节俭能够攒下一些积蓄，即使遇到大病小灾，两人也有养老保险，不至于给子女"拖后腿"和产生太大的经济负担。

电子记账使得账目更加清晰明了

款项	1月	2月	3月	4月
工资	2000	2000	2000	2000
存款利息		300		
投资收益	100	100	100	100
社交			200	
福利	20	20	20	20
其它				
总和	2120	2420	2320	2120
结余	2001	2180	1960	1640

（2013）

随着国家经济形势的发展，如何理财，也成为普通老百姓经常关注的问题

项目	2013	2014	2015	2016
伙食	1000	500	1000	500
衣容	500	400	500	400
通信	400	300	400	300
住宿	300	500	300	1000
医疗保健	200	400	200	500
交际	100	300	300	400
知识	500	100	100	100
还款	700	500	500	500
总计	3700	3000	3300	3700

2013—2016年，除了清楚地记录了这几年的消费情况，医疗保险也出现在账目之中

他认为，人老了，自己的健康才是对子女最好的馈赠。

刁锡永回忆道，2003年他因为企业改制而提前退休，当时每个月的退休养老金只有400元多一点。这些年，国家一直在进行退休养老金改革，退休金一直在涨，到2010年有2000多元，这些退休金是刁锡永生活收入的主要来源之一。而且，以前是企业给生活费，企业退休人员领退休养老金是一件非常繁琐复杂的事情，现在直接从社保部门领，方便了许多，生活也是轻松不少。刁锡永的老伴退休前跟他在一个工厂上班，2010年每月退休养老金1400元，两个人加起来，有4000元左右。刁锡永笑着说："这些钱在重庆也过得去，国家给我们退休工人涨工资，说明是记着我们咧，心头真是暖暖的，日子也越过越有盼头。"

◎ 养老政策，让老百姓的老年生活有了"保护伞"

对于记账的人来说，账本里记的不仅仅是"账"，更是一个普通家庭的喜怒哀乐、生活百味。账本是一个家庭经济生活的存根：有柴米油盐，有吃喝玩乐，有买房看病，有子女教育，有父母养老。账本是一个时代经济发展的注脚：有CPI涨落，有房市调控，有收入分配改革，有货币政策的松与紧。中国经济的每一次风云变幻，在每一个家庭账本上，几乎都能找到大大小小的喜怒哀乐。

从刁锡永的生活账本，可以窥见家庭生活的酸甜苦辣及其背后的中国经济的风云变幻。随着我国经济的持续发展，老百姓的钱袋子鼓起来了，消费支出也变多了，然而不可忽视的是物价上涨这一因素。"民以食为天"，物价的变化特别是食物等生活必需品的价格上涨也会决定老百姓钱袋子的"身材"。人人都会老，养老问题自古以来是人们关心的重点之一，中国社会保障制度的不断完善，为老百姓提供了规避风险的"保护伞"，很大程度上保障了老人的退休生活。

与刁锡永老人的感慨类似，我们看任何老账本记录的支出，都会有"买东西贵了，价格涨了"的感叹。人人都会老，对大多数人来说，老了，不工作了，退休了，往往意味着工资收入减少甚至完全没有，养老金就是退休人员维持生活的主要来源。接下来，从刁锡永老人电子记账本里提到的物价和养老金出发，我们着重分析下物价的涨跌和养老金的那些事儿。

账里乾坤

物价的涨与跌，是账本里永恒的主题

刁锡永老人感叹的物价涨跌，有何指标？关于物价有个公认的指标——CPI。CPI 是居民消费价格指数（consumer price index）的简称，它是一个反映居民家庭一般所购买的消费品和服务项目价格水平变动情况的宏观经济指标。通俗来说，它就是衡量物价水平高低的指标。

通过 CPI，可以度量是否存在通货膨胀（或通货紧缩）现象。通货膨胀是指物价水平普遍而持续地上升，CPI 的高

低可以在一定程度上说明通货膨胀的严重程度。我们日常所说通货膨胀了，意思是东西普遍都变贵了，翻译成统计学的说法就是物价指数上涨。它也可以反映货币购买力的变动，顾名思义，就是现在跟以前相比，同样数额的货币到底能买多少东西。在正常情况下，CPI 水平应该在一定的范围内波动，避免过度上涨或下跌，即社会经济应处于健康稳定的发展状态。

◎ 物价的变化，有涨也有跌

对于普通老百姓而言，物价是每天都关注的大问题。小到柴米油盐，大到买房买车，价格的上下浮动都能牵动大家的心，因为这关系着百姓的生活质量。物价上涨是经济发展的常态，老百姓给一些过快上涨的物品起了啼笑皆非的名字——"豆你玩"（大豆）、"姜你军"（生姜）、"蒜你狠"（大蒜）、"糖高宗"（砂糖）、"棉里针"（棉花）、"苹什么"（苹果）。涨价，让我们钱袋子的购买力越来越低；涨价，让我们越发感受到通胀的威力和压力。

但有些东西，价格可是一"跌"再"跌"，例如手机，现在的手机，相比以前，不仅便宜了，而且性能提高了不知多少倍，例如电视机、汽车、电脑……这些我们天天用的东西，相比以前，便宜了很多。所以，并不都是"涨价"，我们还得分开看。

"民以食为天"，相比于其他物类，柴米油盐、衣食住行等生活必需品的价格变化，更能让人们直观地感受到物价的变动。根据国家统计局的数据显示，2006 年至 2012 年，食品类居民消费价格指数变动呈现"W"形，但总体而言，上下浮动趋势不大。食品类消费品，是维持基本生活所必需的。一般来说，国家会主动调控其价格走势，调控方式包括最低收购价制度、储备制度和价格管制等措施，以保证价格水平的稳定。但是，为何老百姓还是感觉食品物价上涨厉害呢？

　　首先，气候是影响供求关系变动的一个客观因素，农作物的生产和供应受天气和气候影响极大，物以稀为贵，市场供给少了，价格自然往上涨。其次，老百姓的感受偏差是主观因素所在。比如大蒜价格暴涨，老百姓感受特别深，但老百姓可能只感受到大蒜价格涨很多，而忽略了猪肉价格低于往年同期，且其他蔬菜也没像大蒜价格那样疯涨。另外，商品涨价的时间对物价指数的影响也特别大。月初涨价和中旬、下旬涨价对指数的影响是不一样的，通常月末涨价对当月的CPI 影响是不大的，老百姓有时候只看到月末涨价了，却没有看到当月大多数时间价格没有变化，因而出现 CPI 和老百姓的感受存在偏差的现象。

　　当然，无可置疑的是，随着人们生活质量的提高和劳动人口的相对稀缺，服务产品等改善型消费产品的价格确实发生了不小的变动。人们的收入水平提高，从关注物质需求到精神需求，改善型消费市场日益扩大。以服务业为例，改革开放前，吃饱穿暖是人们追求的目标，"下馆子"是一件奢侈的事情。而随着生活水平的提高，人们越来越愿意，也越来越有条件外出就餐，餐厅里的人工费、加工费等服务价格日益上涨。这种服务价格上涨，劳动力成本的升高是主要原因。因此，要维持餐厅的正常运营，经营者只能提高菜品价格。另外，房租的影响也很大，房价涨了，房租高了，这些成本最后都要落到菜品上，菜品价格自然会上涨。从某个角度来看，服务产品等改善型消费产品价格的上升，是老百姓生活质量提高的表现。理发服务、维修服务、家政服务、健身陪练的，人工成本高了，这些服务的价格自然会提升，改善型、精神层面的需求增多，"享受生活"不再是一句空话。

需要特别注意的是（也是很容易被忽略的），科技在进步，生产效率不断提高，很多工业制成品的价格其实在不断降低。工业制成品改善了人们的工作和生活，它价格低了，性能却提高了。从"三大件"到家中随处可见的电子产品、家居用品，人们的生活品质得到大幅度提升，购买所花费的钱却越来越少。

以手机为例，2000 年的时候，要想购买一部手机，得节衣缩食甚至花费小半个月的工资，而且手机功能有限，也就只能通话、发短信。不过短短十多年，同样是一千多甚至是几百块钱，我们就能买到功能齐全、品种繁多的智能手机，不仅能通话和接发短信，还可以拍照、录像、办公等，目前大多数手机的性能并不逊于五年前的电脑。能烘干能消毒的

生活水平不断提高，饭店
里座无虚席

饭店所支出的人力成本的
涨幅要远远高于食材价格
的涨幅

临近过年，老百姓纷纷采
购年货，满满的年货，不
再是"不足而囤积"，而是
习惯和文化氛围使然

洗衣机，能当电脑、播放高清视频的电视机，四轮驱动、配备智能系统的汽车，等等，这些人们日常使用的工业品，价格都下降了。原因就在于技术的进步，以及生产效率的提高。工业制成品的物价指数呈现下降的趋势，市场大了，选择多了，质量好了，各类低价、高质量、功能强大的工业制成品，让人们的生活越来越便利和智能化。

◎ 谁在驱动物价？

对大多数人来说，市场的风云变幻，给物价的变动蒙上了一层神秘的"面纱"。除了供需关系的变动会导致价格变化外，人们不禁疑惑，还有什么"看不见的手"和"看得见的手"在操纵着物价水平的沉浮呢？一般来说，除供需关系外，物价的变动还主要有以下几个原因：

（1）货币供应量多了导致物价上涨。货币供给太多是物价上涨的重要原因。市场上的钱多了，东西还是那么多，那么物价自然会上涨。例如，2008年全球金融危机爆发之后，主要经济体相继采用了宽松的货币政策，以达到刺激经济复苏的目的，这必然会带动物价特别是大宗商品、贵金属和不动产价格的上涨。但这毕竟是推动经济快速复苏的手段和工具，也是为了抑制通货紧缩、经济萧条带来的需求不足。类似给一个生病的人治病，病情发展到这种状态，必须得用药，但"是药三分毒"，为了治好病，病人只能暂时忍受药物的副作用。

（2）劳动成本上升推动物价上涨。劳动成本上升是推动物价上升的另一个重要因素。随着那些生于50—70年代，吃苦耐劳，拿低廉工资而毫无怨言的打工人群年龄增大，90后、00后的新生代务工人员逐渐成为劳动力主体，他们思想比较开放，工作观和消费观与父辈不同，不愿接受那些枯燥、重复、"脏重差"的工作，喜欢消费且不爱储蓄，向往新潮和自由的工作、生活方式。更为关键的是，当前中国劳动供给整体不足，高技术工人稀缺，普通工人也稀缺。这种情况会推升劳动力成本，引起物价特别是服务型产品价格的上升。不过，也要客观来看这个原因。因为任何国家或经济体，在经济发展过程中，伴随着劳动力的稀缺，劳动成本和劳动报酬都会大幅提升，这一方面抬升了物价，另一方面也提高了中低技能劳动者的收入。

（3）财政支出扩张拉动物价上涨。财政是政府调控宏观经济的手段之一，当市场消费萎靡或者经济发展状况较差时，政府通常都会采取扩张的财政政策刺激消费需求，其中常用的调节方式便是扩大政府财政支出，增加政府购买，扩大基础设施建设，以此增加市场对消费的需求，从而刺激经济增长。受市场需求的拉动，一些大宗产品供不应求，价格上涨。因此，政府增加财政支出，在促进经济增长的同时，也使得物价水平有所提高。

◎ 物价政策及其改革

较为稳定的物价水平，是保证人们正常生活不可或缺的关键因素。面对复杂多变的经济形势，中国逐渐让市场供需决定更多物价的同时，也审时度势地采取了一系列财政政策和货币政策来保证经济的平稳运行，将物价波动维持在正常幅度。时间节点上，大致可以分为以下几个阶段：

（1）1994—1997年，"适度从紧"的财政政策和货币政策。1992年，邓小平南方谈话和党的十四大的召开，开启中国市场经济体制机制改革的新局面。由于之前实行计划经济，国家基础建设投资力度过大、片面追求速度，导致货币超发，居民消费价格指数上涨到1994年第四季度的26.9%，出现经济过热现象。为治理经济过热，降低过高的物价，1994年中央经济工作会议第一次提出实行"适度从紧的货币政策"，强化了增值税、消费税的调控作用，合理压缩财政支出，并通过发行国债，引导社会资金流向，严格控制信贷规模，使宏观经济在快车道上稳刹车，并最终顺利实现了"软着陆"，既大幅度地降低了物价涨幅，又保持了经济的适度快速增长。

（2）1998—2003年，"积极的财政政策＋稳健的货币政策"。1997年下半年东南亚爆发了金融危机，严重影响中国国民经济，为抵御亚洲金融危机冲击以及解决国内有效需求不足的问题、缓解通货紧缩，从1998年起，中国实行近6年的积极财政政策以刺激投资、拉动内需；而稳健的货币政策着力于防范金融风险，并与财政政策相配合。具体措施有：取消贷款限额控制，大力发行国债，大规模投入基础设施建设等。

（3）2004—2007年，"双稳健"的财政政策和货币政策。2004年初，由于之前的投资膨胀导致通货膨胀，经济压力逐渐加大，价格上涨超出预期。为了维持稳定的物价水平，降低通货膨胀，2004年年底的中央经济工作会议作出了财政政策转型的决定，由宏观调控过渡到"双稳健"模式，通过减少政府赤字、控制投资等的方式使物价回落到正常水平。

（4）2007年，"双防"政策。由于中国经济运行过快，物价开始逐月攀升。在此形势下，2007年12月初召开的中央经济工作会议提出了"双防"政策，即要把防止经济增长由偏快转为过热、防止价格由结构性上涨演变为明显通货膨胀作为宏观调控的首要任务。与此对应，中国继续实行稳健的财政政策，而稳健的货币政策则转向较为严厉的从紧的货币政策。

（5）2008—2009年，"保增长"政策。2008年，世界性的金融危机爆发。为应对国际金融危机冲击，缓解经济下滑趋势，宏观调控侧重点转向"保增长"。宏观调控政策转换为积极的财政政策和适度宽松的货币政策，物价保持较低水平。

（6）2010—2012年，稳定价格水平成为突出重点。2010年物价开始逐月攀升，连续破3、破4、破5，到2011年第三季度攀升至6.27%的历史新高。面对不断升高的通货膨胀压力，2010年12月中央提出"把稳定价格总水平放在更加突出的位置"，开始实施积极的财政政策和稳健的货币政策，使得物价涨幅减缓。

✒ 老了，如何有所依？

　　作为一名普普通通的退休老人，刁锡永的退休生活是平实、简单又幸福的。这样的生活与他们夫妻的退休工资、与中国的养老制度和政策密不可分。接下来我们透过"养老金"这个关键词，看看中国养老制度及其改革的历史轨迹。

◎ 养老金的时代变化

　　社会保障在经济社会发展过程中，充当着"减压阀"和"润滑剂"的作用。它是政府保证和改善老百姓基本生活、促进社会和谐稳定发展的重要手段。其中，养老金，毫无疑问是社会保障中至关重要的一环。一个国家的发展，必然体现在养老金制度的完善。

　　中国老年人口越来越多，进一步完善养老金制度，对于老有所养、老有所依无疑具有重要作用。

　　改革开放以前，中国物质匮乏，国家养老"有心无力"，对于大部分人来说，养老基本上还是要靠子女来解决老人的赡养问题。这也就造成了老人怕生病，生病也是咬咬牙扛过去的现象。

　　改革开放以来，随着经济的发展，国家越来越重视养老这一民生问题。经过多次改革，养老制度实现了从无到有再到日趋完善的重大转变。老百姓的养老金愈发丰厚，基本生活获得更大程度上的保障，大多数人对年老后的生活有了更美好的预期，生活心态也多了些稳定，少了些担心。

从 20 世纪 90 年代初到 2012 年左右，中国养老金制度呈现以下特点：

（1）养老金的总体水平不断提高。中国的养老保险制度制定以来，尤其是进入到 21 世纪之后，养老金水平得到明显提高。其中，对企业退休职工来说，2005 年到 2007 年，国家连续三年提高企业退休人员基本养老金，企业退休人员的月人均养老金从 714 元提高到 963 元。根据国务院常务会议部署，从 2008 年起，企业退休人员养老金连涨三年。劳动保障部表示，全国企业退休人员养老金平均水平超过每人每月 1200 元。2010 年，企业退休人员养老金水平提高幅度按 2009 年月人均基本养老金的 10% 左右确定，全国月人均增加 120 元左右。从刁锡永的账本来看，中国已连续六年较大幅度调高企业退休人员基本养老金水平。

（2）覆盖范围逐渐加大。在计划经济时期，养老金是城镇居民的"特权"，经过数十年的改革，一个覆盖全民的养老保险体系已经基本建立。目前，中国的城乡居民基本养老保险制度参保人数大幅度提高，覆盖广大农村的养老金制度不断健全，确保大部分年满 60 岁的城乡老年人都能够领取一定金额的养老金。国家统计局的统计资料显示，1993 年共有 7336 万职工参加社会统筹，而到 2012 年参保职工高达 1.75 亿，更多的老百姓获得保障，国家尽可能地减少了他们的后顾之忧。

很多老人依靠自己养老

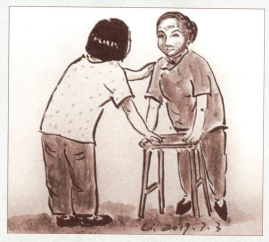

养老不光是家庭问题，更是
社会问题

养老政策，让老百姓的晚年
生活有了"保护伞"

（3）养老金制度保障和个人自由。对于养老保险制度的产生，保守的人认为国家强制缴费，侵犯了人的自由。中国的实践证明，这种观点是极其狭隘的。改革开放前的养老制度不够完善，养老保险也并没有覆盖全体社会成员，在这种体制下，人的经济自由权利是以丧失养老金权益为代价的。实行养老金制度改革后，养老保险可实现跨区转移，流动并不会损害人们的养老金权益，个人工作自由的权益得到真正的保障。

◎ 养老金政策及其改革

改革开放以来，中国的养老金制度经过多次变革和完善，养老金福利惠及越来越多的普通老百姓。1991年，中国颁布《国务院关于企业职工养老保险制度改革的决定》，其规定，随着经济的发展，要逐步建立起基本养老保险与企业补充养老保险和职工个人储蓄性养老保险相结合的制度，即，养老保障由国家、企业、个人三方共同承担，并且进行以社会统筹为主、个人账户相结合的改革试点，保障退休职工的养老福利。

1997年，《国务院关于建立统一的企业职工基本养老保险制度的决定》的颁布，更进一步明确：各级政府部门要更加重视社会保险，养老保险要保障退休人员基本生活，要充分考虑到地区差异、按劳分配、企业效益等因素，发展企业补充养老保险和商业保险，以不断改善退休老人的生活质量。至此，"统账结合"的城镇职工基本养老保险制度在全国范围内实施。

2000 年国务院颁布《关于完善城镇社会保障体系的试点方案》，中国养老保险制度迈入个人账户试点阶段，改革基本养老保险个人账户，改善基本养老金计发方法，并进一步推进养老保险的规范化、信息化，中国养老金制度改革取得明显成效。

2009 年，国务院开展新型农村社会养老保险试点，它是以保障农村居民年老时的基本生活为目的，由政府组织实施的一项社会养老保险制度，是国家社会保险体系的重要组成部分。"新农保"最大的特点是采取个人缴费、集体补助和政府补贴相结合的模式，有三个筹资渠道。它的基本原则是"保基本、广覆盖、有弹性、可持续"。目前"新农保"已经全面铺开。

◎ 养老制度改革的轨迹及特征

中国的养老金制度改革是在改革开放的宏观背景下展开的，是中国经济从传统的计划经济向中国特色社会主义市场经济转型的重要组成部分。改革开放前的养老保险制度，是模仿苏联模式建立的、现收现付和企业统筹的养老制度，这种国家统包的"大锅饭"制度存在许多缺陷和不足。首先便是企业的负担过重，影响国企的改革与发展。其次便是企业退休职工逐年增加和企业负担费用不平衡的矛盾，这使得社会资源无法实现最优配置。

20 世纪 90 年代以来，伴随着社会主义市场经济体制的建立与完善，企业逐渐成为独立的市场主体。劳动者与企业的关系由计划经济时期复杂的社会关系转变为单纯的雇佣关系，劳动者退休后，企业并没有义务为之养老。在这样的背景下，一个独立于企事业单位之外、社会化运行的养老保险制度便应运而生。结合中国的国情，经过不断的探索，中国的基本养老制度模式发生了根本性变化，从以社会或企业为核心过渡到"统账结合"。社会统筹与个人账户相结合的养老制度，具有以下几个特征：

　　（1）权利与义务相对应。劳动者只有参加养老保险，并且按时缴纳养老保险费满 15 年，才可以长期按月领取基本养老金。与过去采取的计算工龄的方法相比，个人账户制度可以更加准确地衡量劳动者的劳动时间和劳动贡献，更加公平、高效。

　　（2）激励劳动者的生产积极性，体现了激励性与再分配关系的平衡。职工统一计发养老金，这种计发办法与个人的缴费水平、缴费年限均无关系，几乎可以被视为一种均等化的养老金，再分配性强，但劳动激励性很差。而"个人账户"制度的引入，在保留社会平均工资的同时，又通过引入个人指数化缴费，将基础养老金水平与缴费基数相挂钩，考虑了个人劳动的差异性，实现了效率与公平的有机统一。

　　（3）国家责任与自我保障相结合。由国家负责组织社会保险，并且支付退休人员的"基础养老金"，若发生退休者个人账户余额不足以支付社会保险金时，由国家负责继续按照原来的标准支付，体现了国家的责任担当。但是，劳动者在未退休时要连续 15 年交养老保险，而且退休后领取的退休金的数额，很大程度上取决于个人账户金额的多少。

i.xh
19.2.11

账本里 60 多年的『变』与『不变』

董家三代人的账本故事

✐ 穿越 60 年的账本记忆 [①]

"只要我能够记，我还要记下去。"董万春的这句话，老伴张春晖铭记一生，夫妇俩坚持记账 60 多年从未间断，勤俭的好家风世代相传。

在浙江丽水，有这么一户董姓人家，两代人坚持用 57 本账本记录下 60 多年的生活点滴。60 多年，足以让一个人从咿呀学语到白发苍苍，也足以让一个国家从百废待兴到繁荣昌盛。当我们翻开这一页页泛黄的账本，倾听他们讲述其中的平凡往事，似乎沉浸于 60 多年来家庭传承、家乡发展、国家兴旺的历史故事中，感悟着一串串数字背后的时代变迁。

◎ 精打细算的艰苦岁月

1953 年的冬天，董万春与比他小七岁的张春晖结婚，一

[①] 本故事部分内容根据安徽卫视《家风中华》（2017 年 11 月 28 日）中的采访记录整理改写而成。

起住进了只有七八个平方米的公租房。婚后的他们，需要照顾几个孩子和双方家庭，开支越来越多，生活过得反而比婚前更拮据了。"不精打细算没法过日子"，当年正是怀揣着这个简单的初衷，董万春夫妇俩坚持把每笔收入、支出都记下来，这一记就是 60 多年……

一本本略显破旧的账本，张春晖视若珍宝，至今对每一笔收支仍记忆犹新。将近 90 岁高龄的她回忆道，当年他们是比较少见的双职工家庭，1957 年夫妇俩每月工资收入 95.5 元，这也是账本上记录的第一笔收入。单从数字上看，这可以说是一笔非常可观的家庭收入，哪怕对于双职工家庭，也是相对比较高的。

这个家庭的收入至改革开放前期，还是相对稳定的，并没有发生太大的变化。直至 90 年代后，中国经济迅猛发展，老百姓的工资才慢慢往上涨。而到了 2012 年，夫妇俩每月几千元的退休金比 1979 年的工资翻了 95 倍。张春晖不禁感叹道，今天的生活好多了，退休金也花不完了。

说到这里，可能许多人会感到疑惑，这么高的收入，又怎么能说是生活困难呢？单看收入情况，董万春夫妇的确不算差的，甚至比许多家庭还要好很多。然而，夫妇俩也承担着较重的生活负担。

他们的女儿董淑萍回忆，当时机关里不允许带孩子上班，在商业局工作的父亲董万春需要经常下乡送商品，一去可能就是一两天；母亲张春晖是跑供销的，常年在外面跑，根本

账本里 60 多年的『变』与『不变』

197

1957 年董氏夫妇的第一本账本，双职工家庭这样的收入，在当时算是较高的。

泛黄的账本，精打细算的开支，述说着当年生活的不易

董万春获得『共和国记账第一人』殊荣

没有办法照顾他们兄弟姐妹四人。当年大多数的家庭，都是父亲在外工作，母亲在家照料孩子，而她们家则需要请保姆照料，孩子们都是"吃奶妈的奶长大的"。

更艰难的是，董氏夫妇在双方家庭中都是老大，除了需要赡养年迈的父母，双方父母在当时都没有工作，他们还需要帮助父母养育幼小的弟妹，双方家庭的开销帮补、供书教学等，这一笔笔支出，慢慢加重了这个看似高收入家庭的负担。董氏夫妇不禁意识到，这样的开支状况，不计划实在不行，万一父母或孩子们有什么病痛不适，万一家里有哪些急需用钱的地方，该怎么办呢。

房租 2.2 元、30 斤大米 4.08 元、红糖 1.4 元、12 尺布 6.12 元、鱼 0.22 元、肉 0.8 元，还有保姆费、交通费、搭伙费……泛黄的账本，清晰地记录着当年的每一笔支出，柴米油盐的平淡生活中有喜有乐，酸甜苦辣的平凡记忆中有情有爱。在有限的可支配收入中，董氏夫妇俩对双方父母、养育孩子却从未吝啬，哪怕自己少用一些，孩子、老人需要的开支，却一定会尽己所能地承担起来。

董万春是一个非常节俭的人，与大多数人记账的初衷一样，他坚持记账的目的很简单，并不是为了创造什么纪录，也未曾想过能给社会给他人树立什么榜样，只是为了能更有计划地用钱，能够把有限的收入用在必须用到的地方，能够省下钱以备不时之需。因此，哪怕小至小孩子买 1 元零食的开销，董万春夫妇都需要通过计算看能不能开支，绝不能因为一时任性而产生不必要的支出，做好预算和计划让这个家庭度过了那些艰难的岁月。

董淑萍回忆道，家里的第一张沙发，是父亲自己亲手做的，父亲记账真的就是为了节俭，他也身体力行地做到了。在董氏夫妇的账本中可以看到，11.99元的一副眼镜、9.63元的一套日光灯、小孩子买2分钱的橡皮、按市场价折算后的自家种的蔬菜、孩子卖橘子皮所得，家里大大小小的开支，都会被毫不含糊地记录在内。每个月、每一年都会做总结，看看这个月、这一年的主要开销在哪里，有哪些不必要的支出，等等。

有人可能会打趣地质疑，他们其中是否会有一方留私房钱或没有将全部支出记录在内？董淑萍回答道，记账是需要夫妻间的互相信任和理解的，如果一方藏私房钱，另一方也藏私房钱，这个记账也就没有任何意义了。诚然，既然结合成为一个家庭，夫妻间就应该多沟通和互相信任，如果有想买的物件、需要的开销，做好预算计划、记录下来即可，如此，账本才有其存在的意义。

◎ 一台电视机的幸福

1979年的账本上清晰地记载着一笔大支出——九寸黑白电视机，207元，相当于夫妇俩当时一年收入的15%。这是董万春一家的第一台电视机。当时的电视机还是非常少见的"奢侈品"，这也是宿舍楼内的第一台电视机，引来了邻里们的好奇和羡慕。董氏夫妇为人和善，欢迎邻居们到家中共同观看电视，后来还因为来的人太多、家里地方有限，夫妇俩将电视机放到外面，让更多的人一起观看，其乐融融。这一台九寸黑白电视机，为董万春一家带来了满满的幸福感。

后来，在 2014 年的账本上，董家更换了一台 47 寸彩色电视机，花费 3500 元，这仅仅是夫妇俩一个月退休金的一半左右。从凭票购买电视机的年代到有着琳琅满目商品的今天，电视机也似乎从令人艳羡的奢侈品变成了每家每户的必需品，如今，拥有一台电视机已非难事，人们或许很难想象在改革开放初期，一台电视机给一个家庭带来的喜悦和兴奋。

或许是父母的言传身教，又或许是翻阅账本带来的无尽感慨，董家后人深知今天的幸福生活来之不易，这是时代发展的结果，也是董万春夫妇兢兢业业、勤俭持家的硕果。无论是当年的 9 寸黑白电视机，还是今天的 47 寸彩色电视机，董家人深知，只要一家人在一起，就是幸福。

食品支出占家庭总支出的比重，即今天我们常说的恩格尔系数，它往往能反映一个家庭的生活水平乃至一个国家社会的发展水平。董淑萍回忆道，1957 年家中有 75% 左右的支出用于食品消费，当年所有物资都是凭票供应的，猪肉 6 毛钱一斤，可选择的种类也很少。1979 年，大约是 60%；到 2010 年，这个比重已经下降到 15% 以下，菜场、超市、商场中尽是各色各样的食品商品，更有来自澳大利亚、韩国、美国、英国等地的进口食品，选择多样、物美价廉，"吃得饱"不再

1979年董家账本上记载着电视机的支出，这在当时是一笔很大的支出

董氏三代人让记账成为了一种习惯，让节俭成为生活的美德

账本是家庭经济生活的存根，不论是何种形式的账本，大多都是因『精打细算』而生

是困扰董家的难事。

小账本中有大变化，翻看一页页泛黄的纸张，我们似乎坐上了穿越时光的穿梭机，感受着经济发展、科技发达、社会繁荣所带来的巨大变化。前面提到 1957 年董万春夫妇俩每月工资 95.5 元，1979 年 115 元，后来经济腾飞，2012 年夫妇俩每月的离退休金比 1957 年翻了 95 倍。1994 年，在董家账本上记录下一笔借款 4150 元，当年夫妇俩享受到了房改政策，买了一套 87 平方米的房子。2000 年，董家账本上首次出现旅游支出 10089 元。2011 年，夫妇俩在丽水市区购买了一套 108 平方米的老年公寓，花费 53.5 万元……生活用品、消费种类的升级换代也揭示着时代的发展变迁，这一页页满当当的纸张中记录的不仅仅是简单的数字流水账，更多的是承载在数字背后的家庭回忆和温馨年华。

一年又一年，从董家的账本中仿佛可以看到，春节往往带给我们的是不一样的记忆。在计划经济的年代，孩子们过年能穿上一件新衣服、吃上一块糖果，已经是最开心的事情，当年的春节账本中记录着各类吃穿所用的"年货"。然而到了今天,董家的春节支出项目似乎变得"越来越杂",准备年夜饭、回家车票或机票、旅行度假，等等。人们过年的形式变得越来越丰富多彩，年夜饭上的菜肴变得越来越丰盛，在这些变迁的背后，唯一不变的是生生不息的浓浓亲情，以及对团圆美满生活的希冀和对美好生活的向往。

◎ 当记账成为一种习惯

董万春从 1957 年开始记账，记账时间早、坚持时间长、记录账目细，这位"共和国记账第一人"默默地给我们留下了珍贵的历史记录。从"不精打细算没法过日子"到富裕充足的改革开放新时期，董万春夫妇俩一直坚持着记账的习惯。2014 年董万春去世后，老伴张春晖依然坚持每天记账。记账，成为了董氏夫妇终生坚守的习惯。

记账的背后，是勤俭节约的良好家风。董万春夫妇言传身教，让后辈们懂得金钱来之不易，不该花的绝对不能花，哪怕后来家里环境变好了、物质生活丰富了，他们还是秉持初心、奉行节俭。当董淑萍还在上幼儿园的时候，曾央求爸爸妈妈买一块糖，董万春耐心教育说，这笔钱并不在家里的开支范围内，哪怕别的小朋友都有，我们也要通过计算、规划看能不能开支。这样积少成多，才能把钱省下来，以后花在真正需要花费的地方上。董淑萍自此渐渐懂得父母记账的原因，也慢慢意识到做好预算、厉行节俭的意义所在。

1973 年，董淑萍下乡当知青，当时每个月有五块钱的补贴。深受父母教育的影响，她开始慢慢记账。国家补贴、劳动所得、油盐酱醋、牙膏牙刷、洗漱毛巾……一笔笔收入和支出被记录进董淑萍的账本中，就这样，改革开放、新世纪以后，她至今仍每天坚持记账。

"为什么记账能省出钱来？"董淑萍回忆道，当年曾央求母亲买一台缝纫机，当时需要一百多元，这在当时是一笔不小的支出。为了满足孩子的心愿，以及考虑到家里的确需要一台缝纫机，董万春夫妇每天从日常开支上一点点地"抠"，能吃便宜的就吃便宜的，能不买新衣服就不买，他们终于用一年的时间把这笔钱节俭了下来，董淑萍如愿以偿。后来，她用这台缝纫机为父母、兄弟姐妹做衣服，乃至床单床被，如此，可以说是真正把钱省下来了。

2001 年，董淑萍的女儿王冬蓓上大学，每个月生活费800 元。"要学会节俭，不能乱花钱。"王冬蓓时刻不忘母亲的教导与嘱咐。为了能更好地安排生活开销，清晰知道每一笔钱的去向，王冬蓓也开始了记账。2003 年，王冬蓓的生活费上调至 1000 元，通过每月节省开支、提前做好预算，她很快买上了一部自己希冀已久的手机。渐渐地，王冬蓓也养成了记账的习惯。后来手机记账软件兴起，通过支付宝、微信等方式记账，方便快捷，受到不少人特别是年轻人的欢迎与喜爱。在日新月异的时代中，传统的记账方式或许会被许多年轻人认为是"落伍"的，但唯一不变的，是坚持记账背后的初心——为了记录那些年的珍贵记忆，为了迎接更美好的未来。

日益富裕美好的生活，并不是无本之源，既要开源，也要节流。从担忧柴米油盐的艰苦生活到富足幸福的小康之家，其背后是董万春一家的谨行俭用、克勤克俭。简单平凡的记账已经成为他们生活的一种习惯。每一笔所得、每一笔支出，都有清晰、具体的记录。如果需要添置什么物件、有什么大笔支出，例如房屋、电视机、手表、手机等，需要提前做好规划，一点一滴地节省下来，如此所得也才会倍感珍贵。

或许对董氏一家而言，记账除了是勤俭节约的家风传承外，更重要的是，满当当的纸张、冷冰冰的数字蕴含着弥足珍贵的回忆。"当想念我父亲的时候，我就想去看一看那些账本。"当董淑萍翻开这些珍贵的老账本时，她仿佛看到父亲坐在灯前记账的情形，也不禁想起父亲过往的那些教诲。账本的背后，是一个人的成长，是一个家庭的回忆，更是一个国家的发展、社会的变迁。

📖 账里乾坤

✏️ 60 年：收入在变，支出在变，生活在变

新中国成立 70 年来，大多数家庭跟董家一样：收入在不断增加，支出在不断增加，日子越过越富足，生活越来越好。这个变化，不仅体现在国家统计局繁琐冰冷的数据中，更体现在我们每个人的经历和体验中。接下来，我们从董家账本中的大小事引申出来，来谈谈这几十年的变化。

◎ 先看收入

与董家的情况类似，新中国成立以来，中国人的生活得到了稳步而持续的改善，一个最直观的表现就是，老百姓的收入在不断提高。这个过程大致可以分为两个阶段：1978 年改革开放之前，计划经济时期，人们的收入相对稳定，变化不大，那时候大多数衣食住行用的价格也基本保持稳定，大

商店里的东西看看就好，
省吃俭用曾经是大多数家
庭的常态

收音机曾经是家用电器中
的"大件"

街边的熟食曾经是日常难
得的待遇

家的生活水平虽有提高，但变化较慢，幅度也不大。大多数年份，人们的温饱是没问题的，但说不上宽裕，肉类和蛋白质的摄入量十分有限，省吃俭用是大多数家庭的常态。

改革开放后，职工工资开始缓慢上涨，但涨幅依然不大。20 世纪 90 年代以来，随着市场经济的发展和分配制度的改革，中国劳动者的工资水平才开始大幅上涨，很多人的工资从月收入几十元，到几百元，再到几千元，甚至几万元，虽然物价也在涨，部分抵消了工资上涨的购买力，但不可否认的是，人们的购买力在大大增强，吃饱穿暖早已经不是问题，吃好穿好也基本能达到，而且，人们把更多的收入用在了教育、休闲和其他财务投资上。

收入为什么会提高？这貌似是一个很大的问题，因为影响收入提高的因素实在太多了，货币发行量，收入分配制度，个人努力程度……但在这些影响因素中，有一个最为关键和重要的因素，那就是劳动生产率。劳动生产率，就是单个劳动者的产出能力或水平，一般可用人均产值或人均 GDP 来表示。一个人工资提高的本质是这个人创造的价值或财富增多了，即，这个人的劳动效率更高了，那么他理应得到更多报酬（工资）。工资的上涨也应基于劳动生产率的提高，否则就是无源之水、无本之木，不可持续。因此我们在讲工资上涨的时候，一般使用"基本保持与劳动生产率同步"这样的提法。

既然工资水平提高的基础是劳动生产率提高，那么，劳动生产率是如何提高的？这个问题相对简单些，例如在工厂里，影响一个工人产出效率的因素，不外乎如下：自身能力高低（与教育和培训有关），自身勤快与否（与激励得当有关），使用的装备如何（与人均资本有关），使用的技术先进与否（与工艺和技术有关）。不难发现，改革开放后，至少有一个因素发生了极大变化——因为承认了微观主体（个人、家庭、工厂）的利益激励机制，多劳多得，干得好得的多，同样一个人，同样一个家庭，同样一家工厂，受此激励而更加勤奋、更加多产，劳动生产效率自然迅速提高。当然了，资本投入、管理变革、技术引进、教育培训等其他因素也在改善，人们的劳动生产率不断提高，工资水平因此不断上涨。

◎ 再说支出

账本故事中，董家买一台九寸黑白电视机的费用是当时的一笔巨款，这台电视机在当时绝对算是一件奢侈品，能买得起电视机的家庭在那时算是凤毛麟角，它给全家乃至周围邻居带来的幸福，可能是现在的年轻人无法想象的。新中国成立 70 年来，人们生活在持续改善，"用"上的支出越来越大，"用"上的领域越来越多，这些"用"的领域，集中体现在家用电器上。

说到家用电器，改革开放之前，在普通家庭中能找到的家电大多只有收音机。改革开放之后，随着收入的提高，人们有更多钱来购置家电。按照现在家电的一般分类，黑色家电指可提供娱乐的产品，包括电视机、DVD 播放机、音响、照相机、游戏机，等等；白色家电一般指可以替代人们进行家务劳动或改善生活环境的产品，包括洗衣机、冰箱、空调、各类厨房电器，等等。改革开放以来，百姓在黑色家电、白色家电方面的支出不断增多，越来越多的家电进入普通百姓家。电视机、DVD、录音机、游戏机等黑色家电让人们的休闲娱乐方式更加多样，极大地丰富了人们的精神生活。而白色家电大幅度减轻了人们的家庭劳动强度，人们无需再花费大量的时间和体力在煮米饭、洗衣服等家务劳动上，这些家电在一定程度上解放了人，从而让人们有更多的时间去学习，去做自己喜欢做的事情，这是人自由而全面发展的重要前提；而空调、风扇、除湿器、加湿器等家用电器极大地改善了人们的生活环境，高温的夏天里，人们也不用再忍受酷暑。

不止是"用"上，随着对美好生活的更高追求，人们在"游"上的支出也多了起来。2000年董家账本上首次出现旅游支出10089元，现在对大多数家庭来说，每年找时间出去旅游，应该算是很平常的事情，而且花费在此项上的支出，也并不是小数目。相比衣食住行用等支出（这些支出具有较强的刚性），旅游、健身、美容等支出项目代表了人们对高质量生活状态的追求，体现了中国消费不断升级的大趋势。对于生活在当下的人来说，要努力认真工作，也要好好享受生活，过更丰满、充实和充满乐趣的人生，这应该也是致敬新中国成立70年伟大成就的一种方式。

✒ 60 年：记账不变，节俭不变，家风不变

◎ 账本，因"精打细算"而生

最初大多数家庭记账，原因其实很简单——精打细算，量入为出；即使没有详细的书面记账，家人心里也大致清楚，这个月或当年收入多少，支出多少。当然了，有了书面记账，这个收支情况就更加精确和详细。透过董家 60 多年的记账故事，我们不难发现，记账的"初心"是为了精打细算，该买的就买，不该买的坚决不买，这其实传递出中华民族的一个优良传统——节俭。不论是泛黄的老账册，还是现在手机上的电子账本，不论是笔笔都清晰的家庭账目，还是粗糙简陋的纸头记录，账本的核心是收入和支出，基于收入计划支出，收支心中有数，不浪费，把钱用在刀刃上，不透支，不寅吃卯粮，其本质是节俭的朴实美德和一种生活态度。

记账虽然是为了节省，但其实也是有代价的，因为记账要花时间、花精力，很多人不去做这件事，也是觉得自己没那"闲工夫"，或觉得自己收入相对固定、支出习惯已经形成，心里很清楚，没有必要再去记账。当然也有些人，会把较为大笔的支出，记录下来，而小笔支出就不详细记录。相比年纪稍长或成家的人，当前，很少年轻人能坚持记账，他们嫌记账麻烦，更重要的是，他们没有经历短缺的苦日子、过惯了富足生活，习惯了花钱"大大方方"，记账还会被同龄人戏谑为"斤斤计较"和"小家子气"，对于年轻人而言，这样的

物质匮乏的年代，各家
都是自己动手做蜂窝煤

谁知盘中餐，粒粒皆辛苦

过去棉被都是自家手工缝
制，旧了再拆洗翻晒一遍

心态其实也是完全可以理解的。

但从社会可持续发展和价值观传承的角度看，要倡导和鼓励年轻人学会和做到"开源节流"，"开源"就是好好学习，努力工作，敢于创业，勇于创新；"节流"就是要学会控制支出，日常必需的生活支出在得到充分保障的基础上，其他物品或服务的消费要符合理性和节俭的原则。从这个意义上看，账本是因"精打计算"而生，但又不仅仅起到精打细算的效果，它督促人们更好地控制过度消费的欲望，它记录人们更稳健地去工作和生活的轨迹。

◎ 节俭，是一种美德

账本故事里董家三代人把记账当成了一种习惯，把节俭当成一种美德，这种美德的意义，不会随着物质生活的富裕而消失。这也是账本存在的另一层价值涵义。当前有人提到消费的重要性，可能会如此说道：经济是消费撑起来的，消费兴百业兴，大家都不消费，经济则要凋敝。这种观点，不论从经济学的理论，还是从现实发展的逻辑而言，都是错误的，我们要勇于同这种错误观点斗争。

第一，消费确实对于社会生产和再生产意义重大，但是这种影响关系并不是大家都大肆消费就能带动生产繁荣这么简单，过量或透支性消费，浪费了资源和生产要素，降低了资源配置效率。第二，消费行为受到人们的收入水平影响，而收入水平由生产水平和分配方式共同决定，一个健康的社会不单要求生产力高而且还要分配公平。"朱门酒肉臭,路有冻死骨",过大的收入分配差距在过度消耗资源的同时,也抑制了低收入者应有的基本消费。第三,"生产—分配—消费"是一个闭环,不节俭甚至是挥霍无度,就无法累积成储蓄型投资,储蓄少了,投资就会少,无法形成扩大再投资的循环。消费促进经济发展的具体内涵应该是"合理消费 + 消费升级 = 经济可持续发展"。进一步来说,节俭更是一种理念,珍惜资源,尊重自己与他人劳动成果。

当然,大多数人对于节俭的理解,更多的是从道德这个维度来看。"节俭光荣,浪费可耻",是每个人都耳熟能详的俗语。节俭是中华民族几千年来一直提倡并传承下来的传统美德,影响着几乎所有中国人的行为,两千多年前的《左传》中就有"俭,德之共也;侈,恶之大也"的论述。李商隐在诗中说"历览前贤国与家,成由勤俭破由奢"。三国时的诸葛亮曾在《诫子书》中说过:"静以修身,俭以养德。"这些正体现出节俭对于提高自身道德修养的重要作用。事实上,自古以来,凡品德高尚且有大智慧的人,大都注意勤俭节约。甚至在很大程度上,节俭就是品德高尚的标签,挥霍浪费和奢靡无度就是品德低下的代名词。

◎ 节俭家风代代传

从董万春到董淑萍,再到王冬蓓,董家三代人传承着坚持记账的习惯,也传承着节俭的家风。千千万万个家,世世代代地传,家是最小的国,国是最大的家,从朴实无华的家风,到中华民族传的统美德和价值操守，节俭在中国人心里烙下了永久的符号。账本故事里，不难发现，后人的记账和节俭，是受前人的影响，这种影响，就是家风。家风是一种润物细无声的力量，在日常生活中潜移默化地滋润着人们的心灵，塑造着人们的品格。

对中国人来说，有家就有家风。从世族大家文字化的家训、家谱，到普通百姓父母长辈的一言一行，家规、家教形式虽有不同，传递的都是一个家庭或家族的道德准则和价值取向。耕读传家，书香门第，艰苦朴素，勤俭节约，诚实守信……这些都是中国人的家风中常见的优良品质。其中，勤俭的出现概率应该是较高的。勤是摇钱树，俭是聚宝盆。多数家庭传承着勤俭这一朴素家风，这方面的民间俗语和格言也较多："黄金本无种，出自勤俭家"，"精打细算够半年，遇到荒年不受难"，"只勤不俭，好比端个没底的碗，总也盛不满；只俭不勤，坐吃山空，也必定会受穷挨饿"，等等，由此可见勤俭节约对中国千万家庭的重要性。

相比其他要求各异的家风，节俭这一传统美德也是社会主义核心价值观的重要方面。小到一个家庭，节约每一滴水、每一度电，家长教育孩子"粒粒皆辛苦"，做到不浪费、勤俭持家；大到一个国家，营造勤俭节约、艰苦奋斗的文化氛围，倡导健康文明的消费方式，通过媒体、学校、家庭教育等方式塑造良好品格，并把这些品格长久地保持下去，真正做到内化于心，外化于行。

后 记

　　本书通过一个个真实的账本故事串联成书，以小账本记录新中国70年大变革大发展，揭示70年的奋斗之路，绘制祖国未来美好蓝图。每一章都以账本故事为中心展开叙事、叙人、叙变化，脉络上大致由"讲述账本故事，刻画时代变化，分析改革之路"的结构组成。

　　行文风格力求娓娓道来，通俗易懂，避免套话和空话，尽量少用学术化语言。为了让阅读更轻松，更有趣，讲述更生动，更有代入感，大量使用了账本的原始照片、漫画，并辅之以文字表述。

　　时代变化和改革之路，从账本故事中自然引申而出，紧贴故事，有的放矢，说变化，讲道理，尽量做到语言平实，高度提炼，易于理解，在不增加读者阅读难度的前提下，深化读者对问题的认识和理解，真正做到"讲故事，有意思；谈变化，有同感；说道理，不枯燥"。

　　在本书的写作过程中，账本的提供者，也是账本故事的主人公，是真正的"记录人"，没有他们的账本故事，就没有这本书，他们是普通工人、农民、教师、白领、机关干部、大学生。我们直接或间接得到这些账本故事，占用他们的时间去访谈、去让他们写下与账本相关的往事，还对他们的各种关于账本的事情"刨根问底"，感谢他们的无私付出，他们才是本书的"真正作者"。他们是：黄桂祥、梁顺燕母女、马卫红、郭秀妮、曾雨寒、普光村村民、刘元九、刁锡永、董万春家人。

为了本书的顺利完成，由许德友牵头，组建了一个主创团队。除了不定期根据写作进度进行集体研讨外，大致分工如下：李新慧为本书专门精心绘制了系列漫画，这些生动有趣而又充满时代感的漫画，是本书的"颜值"担当；王梦菲搜集和整理大量相关文献资料，为本书内容的成稿和素材的串联做出巨大贡献；伍茗欣和古钰对账本故事的整理和撰写付出多个周末的时光；张健硕的排版和设计可谓"夜以继日,劳心劳力"。正是依靠大家集体的劳动，以及数不清的争论和修改，才会把本书呈现到读者面前。

感谢中共广东省委党校为我的工作提供了最大的支持与帮助。广东人民出版社既是本书的出版单位，更是本书的"研发"和"制造"机构。肖风华社长一直关注本书的写作和出版，钟永宁总编辑为本书的内容结构提出了非常宝贵的意见，卢雪华主任协调各流程事宜以求最高效地完成出版流程，曾玉寒副主任全程跟踪、督促并以最大的努力让本书做到更好。在此一并表示感谢！

　　当然，作者本身阅历和能力有限，加之时间仓促，不足之处，还请读者多多批评指正。

许德友

2019 年 8 月 1 日于广州黄华园